T0021685

Lo chusco de la vida

JORGE LEDEZMA

authorHOUSE

AuthorHouse™
1663 Liberty Drive
Bloomington, IN 47403
www.authorhouse.com
Teléfono: 833-262-8899

Publicada por AuthorHouse 03/17/2022

ISBN: 978-1-6655-5476-3 (tapa blanda)
ISBN: 978-1-6655-5474-9 (tapa dura)
ISBN: 978-1-6655-5475-6 (libro electrónico)

Número de Control de la Biblioteca del Congreso: 2022905033

Prólogo

Esta historia comienzo en la ciudad de Chicago Illinois un 4 de Julio de 1989 al recibir una llamada telefónica.

Mientras celebramos el día de independencia de este país que nos abrió las puertas con amigos y familia,mi esposa me llamó a la cocina y me dijo que tenía una llamada de Mexico mi país de origen. Con la mano tapando el auricular le pregunté si sabía de quién se trataba

"- no,,,solo me dijo que se llama Víctor -"

Victor,,victor,,traté de recordar y si,yo tenía un amigo que así se llamaba era el único con ese nombre, había perdido contacto con él y con su familia será Víctor el Gato?? tome el teléfono.

"- bueno con quien hablo??-"

"- que paso mi buen te as de preguntar que onda ? No -"

No recordaba ya el tono de su vos tenía tanto tiempo desde la ultima ves que lo había visto habían pasado tantos años ya.

"- Gato???-"

"- Si,,,,,hahaha qué raro,hacia tiempo que no había oído mi sobrenombre que paso mi buen Cape -"

"- Que sorpresa,,,Vic,,,yo también estoy igual no había oído Cape en tanto tiempo que pasa ??,,,,todos bien,,?? -"

"- si todos estamos bien te llame porque fíjate que Lupe y yo nos vamos a cambiar de la colonia y pues empacando las cosas,encontramos un cuaderno y por la letra y lo poco que leí es tuyo creo que era el que teníamos en el club,,,,te acuerdas???-"

- la libreta,,, era el diario,,,, en un instante regrese a ese momento y comencé a recordar cosas que había olvidado y que hoy llegaban a mi como una avalancha,sentí como si recobrara la memoria como era posible? Se dio cuenta de mi sorpresa.

"- que pasó,,,,sorprendido??? -"

"- totalmente,tú también te recuerdas?,,,la verdad es que si estoy muy sorprendido porque recuerdo que estaba en el club cuando se quemó te acuerdas -"

"- ya me imagino lo cotorro que a de estar, tendríamos como que 13,,,14 ya me imagino-"

"- uy,,,,hay cosas que ya ni me acordaba la neta que está interesante tendríamos como 12 o 13 años no?? -"

"- que hago con ella ?si quieres te la mando por correo -"

Aún no me podían recuperar de la noticia por la libreta se dio cuenta que era algo mío y de los del club por eso me busco.

"- Gracias que suerte que la encontraste no me puedo imaginar lo que hay ahí lo que escribimos en ella

-"

"- por eso te llame,,,-"

"- sabes que? le voy a preguntar a mi tía Elena te acuerdas de ella ? vive cerca de la Obregón -" "- Y tu,,que onda cuando regresas,cuando te das una vuelta por acá -"

"- tal vez al fin de año carnal ya extraño ir para allá -"

"- no se te olvide pasar a vernos te mando mi dirección cuando vea a la Señora Elena,sale -"

"- Gracias,,,,nunca espere esta noticia es como encontrarse un tesoro,es un pedazo escrito de tu vida,cuando aún se era inocente,,,,carnal,,,,gracias-"

Esa noche no pude dormir

Contenido

Las historias de el abuelo # 13

Recuerdo las tardes cuando rodeando al abuelo Tomas nos llenaba la imaginación con sus narrativas historias,nos influenciaba tanto que en ocasiones nos teníamos que ir en bolita para nuestras casas por miedo a encontrarnos con alguno de esos personajes que nos narraba.

-la historia de el asesino del reloj-

- por las noches escondido entre las tinieblas un hombre vestido de negro se acercaba a quien tenía la mala suerte de cruzarse en su camino se acercaba a ellos y les decía

"- que horas son !!! -"

La persona miraba su reloj y cuando le decía la horas en ese momento el hombre vestido de negro sacaban un enorme cuchillo y les decía.

"- DICHOSO TU QUE SABES LA HORA EN QUE VAS A MORIR,,,-"

——————— -el culero perro- ———————

Pero también nos hacía morir de la risa cuando nos contaba algo

1

gracioso como el día que decidió ponerle nombre a un perro callejero que un día apareció por el taller y decidió que ahí era un buen lugar para vivir.

Todos los días en la mañana cuando la abuelo habría la carpintería ahí lo encontraba echo bolita frente a

la cortina.

El abuelo se dio cuenta que el perro le iba a cuidar el taller por las noches y el hizo un cajón que lleno de virutas de madera para que no le diera frío y se echara.

El animal se convirtió en el dueño de toda la calle si veía pasar a otro perro se iba sobre de él asta que lo hacía correr.

Decían los carpinteros del taller que el perro era bien culero por lo bravo y ese fue el nombre que se le quedo -El Culero-

El nombre del animal no sabíamos bien que significaba en realidad pero el perro era muy agresivo según nos decía nos moriamos de risa cuando un día nos contó que el mentado perro, que tenía la costumbre de ir detrás de todo lo que tuviera ruedas.

Esta ves se fue tras un ciclista que venía pedaleando muy tranquilo por la calle y pasó precisamente frente al taller el perro al verlo se levantó como un resorte y se fue tras el tratando de

morderle los pies.

El hombre al darse cuenta que no se iba a poder quitar al perro de encima se bajo de la bicicleta y la usó como un escudo para protegerse del animal que le daba vueltas tratando de morderlo.

El abuelo Tomas salió corriendo de su taller con un palo en la mano y gritando. "- déjalo culero !!!!! -" -" déjalo culero !!!!

el hombre de la bicicleta extrañado le dijo.

"- pero señor si yo no le estoy haciendo nada a su animal !!-" "- usted perdone joven es que así se llama el perro -"

———————————————-   ———————————————

- La casa embrujada -

2

También recuerdo el día que nos contó que unos amigos le apostaron a que no era capas de dormir en una casa que decían estaba poseída por un espíritu maligno

"era un fantasma que espantaba a quien se metiera ahí -".

"- y sé que quedó a dormir papa,,,?? -" Le preguntamos todos

"- si,,,con con su mama María -"

La abuelita María que estaba a un lado nos dijo que ella le pedía que no fuera. "- para que ? Si yo no tenía nada que ver,,,,-"

Nos dijo,que el abuelo se tomó varios alcoholes para darse valor y aunque ella no quería ir no le quedó de otra.

Ya adentro y despés de buscar donde acostarse el abuelo cayo profundamente dormido la abuela dijo cuando se empezó a dormir sintió que alguien le apretaba el cuello poco a poco y no podía respirar y por más que trataba de despertar a su abuelo -el nomás no- pero al rato sintió que el que se estaba ahogando era el y ella ya libre de aquella presión lo sacudió fuerte asta hacerlo despertar y fue que decidieron salir corriendo de ahí.

"- cuando salimos traíamos el pelo todo echo bola,todo revuelto como si nos lo hubieran jalado-" nos lo dijo la ágüela

Y así,echos todos bola nos íbamos a la casa y espantados y sin mirar para atrás nos despedían

Los padrinos del tio # 12

A la familia ya les apuraba el tener que registrar legalmente al chamaco pues ya iba a cumplir los seis años y ya iba a tener que ir a la escuela,pero como fue el ante penúltimo de nueve hermanos ya no se preocuparon tanto por registrarlo.

Cuando trataron por el registro civil no podían comprobar su lugar o su fecha de nacimiento pues nació en el taller y no se lo registraban por eso,un día un cliente de su padre sabiendas lo que le pasaba al maestro carpintero y le sugirió.

"- maestro,,,porque no prueba en el Estado de México en un municipio de por ahí se lo pueden registrar,,,asi le hizo un amigo mío,,,,y arregló rápido de pura volada -"

El maestro dejo lo que estaba haciendo y se acercó a su cliente. "- y tuvo que pagar alguna mordida,,? -"

"- siii,,,,pues en donde no maestro,,,pero no son tan cargados como aquí,,,-" "- y donde esta el pueblito ??? -"

El cliente saco un pedazo de papel y se lo dio

"- está como a dos horas de aquí,,,-"

El maestro le dio las gracias y se fue a seguir con su labor,en la cabeza repetía el nombre - San Pedro Jaltepeltongo -

El viernes por la mañana el maestro carpintero junto con Doña Mariquita su esposa y el mocoso abordaban el autobús que los llevaría a ese pueblito para ver si se lo podían registrar,durante el trayecto Doña Mariquita se la pasó pellizcando al chamaco que estaba como desatado dentro del camión.

El maestro carpintero se la pasó dormido casi todo el trayecto y no se dio cuenta lo mal que se había portado su chamaco,Doña Mariquita se las estaba guardando.

El autobús paro en lo que era la plaza del municipio de San Pedro Jaltepeltongo EDM. había una pequeña fiesta frente a la iglesia con danzantes y todo juntito a la iglesia estaba el registro civil El maestro y Doña Mariquita casi a rastras llevan al chamaco que ahora quería ir a ver a los danzantes que con sus vestimentas coloridas tambores,flautas,cascabeles habían llamado su atención.

El maestro y su esposa le bajaron el cielo y las estrellas al niño para que se portara bien mientras iban a preguntar solo acepto cuando le prometieron que lo iban a llevar a ver a los danzantes.

El maestro carpintero se armo de valor pues a el no le gustaban las transas no tuvo más remedio y se dirigió al escritorio donde estaba una joven frente a una máquina de escribir una placa que decía - ACTAS -

Después de platicar con la joven por un momento regreso muy entusiasmado con Doña Mariquita. "- dice que no hay problema que solo necesito un testigo,,,-"

"- y como le vas a hacer,,,no se nos ocurrió traer a alguien,,,-"

El maestro carpintero se quedo meditando por unos instantes que decisión tomar,en ese momento dejaron de tocar los tambores al maestro se le prendió el foco salió corriendo de la oficina,después de unos minutos que parecieron horas regreso con un hombre emplumado y tras de él venía toda la trope de danzantes el maestro carpintero se acercó a la joven del registro y llamó a su esposa para el escritorio y junto con todos los danzantes como testigos registraron al niño.

Como agradecimiento por a verlo tomado en cuenta como testigo el danzante mayor invito a sus nuevos compadres a tirarle al blanco,a lo que Doña Mariquita y el maestro carpintero no pudieron negarse y junto con el mocoso que ya con juguete nuevo se divertfa tratando de imitar a sus padrinos

A punta de decir salud chocando las jarros de pulque el danzante mayor le pregunt6

A su nuevo compadre.

"- y pues como fue que le pusieron al nino,,-"

El maestro carpintero orgulloso saco Ia acta y ley6 en vas alta

"-Mario,,,,,

El elixir de mi abuela

Doña Mariquita mi abuela materna,siempre tenía algo para curar casi todo ya fuera desde un té,de esos tes que te levantaban el espíritu o te quitaban el dolor, ella hacía "fomentos" de no sé qué tantas cosas creo que por eso nunca fuimos a ver un doctor ella siempre tenía algo.

Recuerdo las "friegas de alcohol" que le daba a mi abuelo que lo dejaban como nuevo,ella tenía una botella llena de hierbas con alcohol cuando le preguntábamos que yerbas eran.

"- Epazote -" nos decía pero mucho después supimos que no era epazote.

También ella hizo que casi a todos sus nietos los raparan a los tres meses de nacidos disque para que te saliera el pelo chino pero fue de balde porque ninguno salió con el pelo rizado.

También vimos cómo ella,como con una hoja de papel que enrollaba dándole forma de embudo luego la parte más pequeña la ponía dentro de el oído.

Después encendía la parte de arriba y conforme el fuego consumía el papel la presión del humo hacía que el "aire"que tenías dentro de el saliera,a mí me lo hizo yo no sé ni porque.

Vi también como,cuando se lo ponía a otros,que la flama encendida de el otro lado,repente parecía que se quería apagar,como si algo desde adentro de el oído le soplará para apagarla,ahí era cuando el "aire" se te salía de los oídos decía mi agüé

"- mira!!! Digo,yo lo vi

A mí también me lo hizo y también el "aire" se salió de mi oído, la verdad no sé ni porque,pero bueno, a veces el fuego que consumía el embudo más rápido y el "aire" nomas no salía,ahí era cuando decía

"- este tiene el "aire" más fuerte,,,-" Cuál era el remedio?

Otro cucurucho de papel

"- a ver,,,,denme otro pedazo -"

y otra ves la misma medicina,asta que se salía el "aire" ya cuando por fin se terminaba el ritual y te quedaban las orejas calientes calientes como cuando te echas un pedo,por eso de -el que tenga las orejas calientes es el que se lo echo- nos dejaba satisfechos de alguna forma u otra y si no me curaba al menos hacía que se nos olvidara el dolor por un rato.

.

En el mercado con doña Mariquita

El peor de mis castigos en aquel tiempo pensaba yo,era,el tener que dejar la cascarita de fútbol ante la burla de todos los de la banda para acompañar a mi abuelita Mariquita a el mercado.

No me la acababa con los muchachos pero también le tenían su respeto a la abuelita porque sabían que tenía su carácter,aún a pesar de su corta estatura,aguas,porque tenía la mecha de el mismo tamaño que ella,yo mejor ni la hacía ya de a tos,cuando doña Mariquita decía -" orale,,, ahí está la canasta,,,-" en ese momento se acababa la diversión y a cargar.

Puedo yo decir sin temor a equivocarme que aún a pesar de el poco estudio que haya tenido mi abuela ella sabía perfectamente cuánto y que era lo que iba a comprar nada más nada menos y era una artista para regatear el único lujo que ella se podía dar en esas escapadas al mercado, si así se le puede decir era, que paraba en el expendio de Doña Loretito la de los caldos de pollo, las dos ya se conocía bien y de mucho tiempo.

Esto era lo que aliviaba un poco las idas al mercado con mi abuelita este era el lujo que ella se daba, siempre pedía un huacalito y dos patitas, para mí un muslito con muchos garbanzos.

Esos son los más grandes momentos de la vida cuando en ese preciso instante no te das cuenta que estás aprendiendo algo aún si saber que es, aún en contra de tu voluntad, así como yo, si pudiera regresar un poco el tiempo, tantas cosas que le preguntaría y así como era de directa estoy seguro que me contestaría con toda la verdad todo lo que le preguntara mi agüé no se quedaba con nada.

- Cuando las mujeres toman decisiones -

La vida de todo cambia

La tía Elena nos recibió con una sonrisa a mi me encantaba estar con ella porque me vio crecer era como mi segunda mamá y porque así podía salir a jugar con el primo Armando cuando entramos,después de darle su beso en la mano y ella a mí en el cachete el primo me llamó para que nos fuéramos a la sala a ver la televisión,mis hermanas se quedaron en la cocina con mi mama y la tía.

"- ustedes tambén,,,vayan con su primo y su hermano a ver la tele,,,quiero hablar con su tia,,,vayan -" les dijo mi mama,la niñas se fueron a sentar con nosotros.

Aún,con el ruido de la tele la alcance a oír.

"- ay manita discúlpame por llegar así,sin avisar,as de pensar que solo cuando necesito algo vengo a verte,,,,,estoy que me lleva la chingada -"

Desde el espejo de la sala vi a la tía mover la cabeza. "- ay flaca si vives re lejos,,, yo entiendo,,, -"

"- que paso,,,????-"

Mi madre como midiendo sus palabras trato de decirle algo pero la tía sabía cuál era su problema,le puso la mano en los labios.

"- otra ves te peleaste con Jorge,,,,-"

"- si mana,ya ni la chinga,,le encontré unas marcas de lápiz de labios en el cuello de la camisa y pues me prendí,le rompí sus garras y lo lo mande a chingada,,,-"

"- no te hizo nada,,,??? -"

"- no,,,yo fui el que lo agarro a cachetadas,,-"

"- ay hermana,,,al rato va a regresar y tú lo vas a volver a recibir,,,,como siempre,,digo ya lo sabemos,,,que piensas hacer ahora,,,??? -"

"- por eso estoy aquí,,,,mira,,,el ya se está dando cuenta de lo que pasa entre su papá y yo y no quiero que un día vaya a ver un problema,,,me entiendes si,,no quiero que vea mal ejemplo,,,me entiendes,,,???

Hubo un momento de silencio entre las dos.

"- no te preocupes manita aquí estará bien,,,pero,,?? -"

"- a él le gusta estar con tu hijo,,y tu viejo lo quiere mucho,,,será solo por un tiempo -"

"- mira,,,por nosotros no te preocupes,,,pero esto no va a hacer como cuando me lo llevaba para

Acapulco te acuerdas no ?? que le vas a decir a él,,,?? -" Cuando mi madre volteo a verme se encontró con mi mirada. "- ven hijo,,,,-"

Me fui a sentar entre las dos.

"- dile,,,-" le dijo la tía a mi madre

"- fue por lo que pasó entre ellos dos,,,?? -"

"- sí hijo,,,,por eso estás aquí,,,tú madre piensa que es buena idea que te quedes un tiempo con nosotros solo un tiempo mientras ellos se arreglan,,,tú que piensas,,-"

"- pero,,,,y la escuela,,,y el abuelo,,,y tú,,,,?? -"

"- de mí no te preocupes,,,nosotros nos vamos con los abuelos,,pero tú vas a estar mejor aquí,,por tu escuela,,si?? me entiendes,,,?? -"

"-,,,,si,,,-"

"- y mi ropa?? -"

II Parte

"- doña EM !!! doña EM,,,,aquí está su chamaco,,,,de la escuela -"
Mi mamá salió a darle las gracias,no se,algo le note.

"- gracias doña Inés-"

Me quito los pocos útiles que traía y me arreglo la ropa el pelo y
me arreglo las cejas y ora ? eran ya tres meses que llevaba en primer grado
me gustaba mucho la escuela,pero la caminada lo bueno que con los demás
muchachos se pasaba rápido.

"- Mira quien está aquí,,!!! -" dijo mi mamá

"- es tu papa -"

El bullin educativo # 11

Muchos de mis parientes especialmente las mujeres heredaron la picardía de la abuela María más no sé si heredaron la forma en que ella se divertía cuando tenía a sus nietos de visita.

Para la abuela tener a sus nietos con ella era como si recordara su propia infancia inventaban cada cosa y nosotros sin saberlo aprendíamos como tratar a los niños recuerdo sus carcajadas qué ella trataba de disimular cubriéndose la cara con el rebozo.

Como era su costumbre,mi madre pasaba siempre a saludar al abuelo Tomas antes de irnos a dormir, ese era el momento que la abuela María aprovechaba para jugar con su nieta,mi hermana ella tendría cerca de un año de edad mi madre siempre la paraba sobre el banco de trabajo del abuelo y mientras ellos platicaban la abuelita se divertía haciéndole bromas a mi hermana.

Ella,mí abuelita cortaba una hebra de hilo no muy grande que después se pasaba por los labios mojados asta que el hilo se empapaba acto seguido con le pagaba el hilo por la cara del bebé y se lo arrastraba por la cara ella al sentir algo húmedo en el rostro trataba desesperadamente de quitárselo pero siendo tan pequeños pues aún eran muy torpes y no tenían control de tus extremidades y mientras el bebé se desesperaba por quitarse -eso- de la cara la abuela se moría de risa al igual que nosotros de tan solo ver como mi hermana hacia esfuerzos inútilmente para quitarse el hilo de la cara pero sus manitas no hallaban nada.

Y otra ves se lo volvía a pasar por el rostro y la misma reacción la niña tratando de quitárselo,las carcajadas de la abuela ya nos habían contagiado a todos.

Mi madre al ver como se moría de la risa su progenitora solo movía la cabeza de un lado para otro. "- ay mamá,,,,,-" pero también se reía al ver a su hija tratar de quitarse el hilo en el rostro.

ahí fue donde me di cuenta que eso mismo me lo hizo a mi,nos lo hizo a todos - el famoso bullin educativo- aún así ese pequeño juego que parece cruel nos dejo algo de enseñanza.

El Niño aprenderá más rápidamente a coordinar sus movimientos motores también el tacto,la reacción,sin querer ella nos enseñaba como tratar a un infante aparte de que con esa carcajada tan contagiosa a la cual no te podías resistir,pues,cuál estrés?.

Cuando por fin,de tanto insistir la niña comenzaba a responder más rápidamente para poder quitarse el hilo de la cara,la abuela cambiaba el juego.

Ahora era el papel en la frente ya para ese entonces asta la niña se reía solo de escuchar la risa de su abuela,mi hermana no sabía que,pero sabía que ella estaba haciendo reír a la señora de la trenza que le seguía pegando papeles en la cara.

Historia corta # 10
Jesus María y José

Yo conocí a Jesus María y a José todos eran hijos de doña Felipita la dueña de la fonda aparte eran Pedro,Chano y Vicente,Vicente el era cantante de la familia pero no el famoso,ese fue después.

Con el que hice la ronda fue con él Chuy,pues éramos de la misma edad,doña Felipita lo mandaba al mercado de la Merced con la lista de todo lo que tenía que comprar para el menú de la fondita de la cual ella era dueña,sobra decir que doña Felipita hacia unos guisados deliciosos.

Él Chuy era bueno para eso de regatear los preciosos y para hacer las cuentas siempre me jalaba para que le ayudara a cargar la canasta y de paso invitaba la torta y la coca de regreso,en el camión nos la pasábamos echando relajo todo el camino y echándole piropos por la ventana a las muchachas que pasaban El Chuy tenía un agudo sentido del humor era un líder natural,no le gustaba el fútbol porque decía"- yo no voy a gastar un latido del corazón por corretear una pelota -"

Esa clase de amigos tuve en la adolescencia y en la escuela no se diga el maestro le temía pues siempre lo ponía en aprietos con sus preguntas.

El y yo nunca nos peleamos al contrario de con su hermano Juan que era el bulin de la cuadra,con ese sí nos aventamos dos que tres tiritos y siempre era cuándo jugábamos al fút,decía que le caía mal mi risa burlona y pues más lo hacía yo adrede el Cañas -Juan-tenía los pelos como púas por eso el apodo y por más vaselina que se echara nomas no se echaban para atrás.

Yo creo que por eso se sentía tan valiente y siempre estaba listo para pelear de las veces que nos peleamos siempre lo di su repasada,digo,algo se aprende,el no está aquí para decir lo contrario pero la neta así fue,aparte él era un año y medio más chico que yo y no iba a permitir que uno más chico que yo me trompeara así es la ley del barrio.

Y dé Mary ni que decir se parecía un poquito al Cañas por eso nadie le echaba los perros El Chuy decía -" que al tiro con ella porque se acelera como mi carnal Juan -" no le dije que María me echaba los perros a mi.

Pero era ella o Alejandra la niña de las trenzas la que vivía en la otra cuadra ella ya me había dado el - Si -

El problema era que yo no sabía que ella también se lo había dado a Juan a Ángel a Gabriel y al Chueco,uno para cada día de la semana y descansaba los sábados y domingos. Él Chuy mi decía

"- mi Cape hay reputación que cuidar pero tu por ser mi carnal te doy chance con mi carnalita María porque esta de un pinche carácter que no se aguanta -"

Cuando le dije que ya tenía novia y le iba a decir quien era luego luego me dijo. "- tu,,,,,andas con Alejandra,,,guey,,,!!! -"

"- si,,,,, porque??? -"

Ahí fue que me dijo que ella tenía otros novios más incluyendo a su hermano Juan. "- el cañas,,,?? -"

"- tú carnal,,,??? -"

"- si,,,,a poco no sabias,,,tú eres el del pinche friday,,,!!! -" "- siiiii,,,,y tú,,,como sabes guey,,,,,???-"

"- Porque es bien pinche mentirosa -" y se echó a reír

Con que solo podía salir el viernes conmigo ah.

"- oye,,,,,y que,,,,,,con la María,,,,cuñado,,, ??? -" le dije de broma

"- no pues ya chupastes Faros carnal -" Y los dos nos echamos reímos.

En las luchas # 9

Era mi primera ves que me llevaban a ver las luchas con tanto movimiento asta parecía un día de campo,éramos 8 personas en total los dos ayudantes del tío Gilberto la tía Elena su comadre La Veta don Toño su esposo el primo Armando y yo.

Nos lo había prometido el tío Gil por si pasábamos de año y lo que sea de cada quien se puso guapo pues nos fue bien,los boletos eran enfrente al ring!!!.

A los once años,esas experiencias nunca se te olvidan la arena ya estaba llena a reventar y veía como los vendedores de cerveza y refrescos andaban en friega por todos lados de la arena con sus cubetas al hombro.

De repente que se apagan todas las luces !!! ya faltaba poco para que comenzara el agarrón.

Como sombras veíamos pasar a los vendedores que con una agilidad increíble caminaba en las oscuridad entre las butacas despachando las cervezas.

Oí que el tío Gil le dijo a la Chueca uno de sus ayudantes que uno de los luchadores era amigo suyo.

"- cuál es tio,,,,?? -"

"- el rudo,,,-" me dijo

"- como se llama ??? -"

"- Huyyyy no sé cómo se puso hoy,pero le dicen El Tlacuache,,siempre le rompen el hocico por eso se cambia de nombre en cada pelea ya le quitaron la máscara y lo an pelado pelón quién sabe cuántas veces -"

La tía y su comadre sacaron de la bolsa las tortas y los refrescos y comenzaron a repartir.

El tlacuache que hoy se llamaba " Niquita" era de los que llaman del estilo rudo su contrincante de esta noche,era de de los llamados técnicos.

De repente como un rayo de luz se prendió en el centro del cuadrilátero y de entre las sombras salió un señor vestido de traje negro con camisa blanca y corbata de moño roja tomo el micrófono que bajaba del techo y a pulmón abierto grito,mientras giraba en el centro del cuadrilátero.

"- señorasssss y señoressssss a una caída de tresss sin límite de tiempo,,,,por el campeonato estatal intercontinental del mundo (?) -

"- En esta esquina del Estado de México de 90 kilos - Niquitaaaaa -

"- buuuuu buuuuu -" le gritaba la gente y el luchador los enardecía todavía más pues con el brazo les mentaba la madre al respetable público.

"-y en la esquina contraria de ciudad Juárez Chihuahua,,,Mexico,,,,,El Guapooooo !!! -" "- arriba el Guapo!!!!-" gritaba la gente el tío les contestaba

"- arriba de un burro,,,-"

Sonó la campana y comenzó el agarre.

Los primeros encontrones fueron para agarrar confianza se hacían llaves y contra llaves sin que se diera cuenta el referí el Niquita le pico los ojos al Guapo y este para protegerse del piquete bajo la guardia,lo que aprovechó el Niquita para agárralo del pelo y halarlo de un lado para el otro del ring.

El Guapo estaba aguantando vara,el Niquita lo castigaba con

todo,el Tio dijo que parecía que ahora si iba a ganar su amigo porque traía al Guapo como rebozo de borracha.

Mientras tanto ya se habían cambiado los papeles en el ring pues ahora el Guapo lo azotaba feamente contra los postes del ring el Guapo ahora era el que traía como hilacha al Niquita,que ya no sentía lo duro sino lo tupido.

En una de esas que agarra al Niquita de la nuca y lo proyecta hacia fuera del ring sobre las cuerdas,al caer al piso el Niquita tambaleándose trató de pararse y cuando se puso de pie vio como el Guapo de una forma por demás espectacular se lanzó sobre de él desde la orilla del ring asta parecía que volaba y cayeron los dos justo frente a nosotros.

De lo cerca que estaban se podía ver cómo se golpeaban de verdad y se decían de groserías y se recordaban de sus progenitora y cada ves que se golpeaban con la mano abierta en el pecho sonaba como un trueno alguien gritó desde arriba

"- Arriba El Guapo !!!- Y el tío Gil

"- Arriba,,,,de un burro !!! -"

cada ves que gritaba la gente el tío decía lo mismo"- Arriba,,,de un burro,,,!!!-"

La acción se puso súper caliente y todavía más cuando el Niquita tomó por la nuca a él Guapo y lo impactó junto a la valla que era donde estaba la tía y la comadre doña Francis y del golpe salió el guapo junto con la comadre y la tía por el aire cayendo con las patas pa'riba enseñado "todos" los calzones el tío no aguantaba la risa junto con sus ayudantes a tan solo unos pasos del "accidente"

Para ese momento la tía y la comadre ya habían recuperado la compostura alisándose el pelo,todo fue tan rápido desde qué el Guapo las hizo volar por los aires asta cuando la tía aprovechando que el Guapo estaba de rodillas tratando de pararse,que le encajo las uñas de las dos mano en la espalda del luchador y se las arrastro desde el cuello asta donde alcanzó,le dejó toda la espalda con unos grandes surcos que comenzaron a sangrar El luchador con mucho dolor volteo a ver quién lo había herido,no creí que esa "chaparrita" le había echo tal cosa.

La pelea fue declarada descalificación pues ninguno de los contendientes regreso al ring a tiempo.

Mientras que a nosotros nos sacaron de la arena los de seguridad y nos hicieron esperar asta que llegara la policia.

Porque según los de la arena la iban a acusar de agredir a el luchador y tendría que pagar por los daños que le causó.

Esto hizo explotar a la tía nuevamente y a vos viva mando a chingar a su madre a todos y cada uno de los ahí presentes incluyendo a el Guapo "- y háganle como quieran,,,,,pues aquí nos tienen en contra de nuestra voluntad y eso es secuestro hijos de la chingada,,,,, -" fue increíble que nos dejaran ir sin ningún problema pero así era la tía,buena para negociar.

Mientras salíamos por la parte de atrás de la arena vimos como los mismos luchadores trataban de ayudar a su compañero echándole agua oxigenada que lo hacían casi chillar de el dolor.

Y de el tío Gil ni sus luces,en cuanto vio que llegó la Gestapo se esfumó como Houdini.

Porque su cabeza tenía precio.

El escultor del barrio. # 8

Don Eliseo,era un hombre con muy pocos amigos,como todo artista de carácter muy fuerte y extremoso,sobre todo,cuando Eliseo con marcador oscuro comenzaba a dar trazos en el mármol,en madera o lo que fuera pues desde ese momento ya no iba a parar, cuanto empezaba un trabajo nuevo entraba como en trance y no paraba asta verlo terminado lo oí muchas veces que comenzaba a cincelar el mármol desde muy temprano y no dejaba de hacerlo asta muy noche,en ocasione, se seguía asta el otro día.

El taller de mi abuelo estaba a escasos metros de él estudió de don Eliseo,y aunque los dos tenían algo en común,casi no se hablaban sino fuera por el "buenos días" " buenas noches" eso era todo.

Decía mi abuelo que "Eliseo está bien chiflis pero de que es bueno para picar piedra lo es"

Después de regresar de la escuela nos juntamos varios de los muchachos para echarnos una cascarita de fútbol en la calle.

Con dos reservas esperando,por si alguno se cansaba y le dabas chance al reserva,que por lo regular eran de los más chavitos,que esperaban su turno para jugar con los más "grandes".

Después de casi como una hora le di chance al Gabis,que fregaba a cada rato para que lo dejara jugar, "- éntrale -" le hice la seña que entrara, ni tarde ni perezoso se metió a jugar me senté en la piedra que estaba a un lado del estudio de Don Eliseo,desde que tenía uso de razón esa piedra siempre había estado ahí,sí se fijaba uno bien,podrías notar la forma que había agarrado la piedra de tanto sentarse.

Se oían golpes continuos y en ocasiones con más rapidez,abrí una de las las puertas un poco,y pude ver cómo don Eliseo con una mazo y un buril en la mano tallando unas figuras en el bloque de madera,parecía ébano,a don Eliseo le re encabronaba que lo vieran trabajar asta los mismos vecinos lo evitaban cuando estaba en trance, eso parecía,el piso lleno de viruta y el banco con los buriles de todas formas.

Golpeaba y se movía hacia atrás,daba otros golpes y lo mismo,el pedazo de madera era grande y las figuras todavía en lo bruto parecía que se querían salir.

!! HEYYYYYY TUUUUUU !!!!!

su grito me saco de balance pues casi me caigo,todo por estar de baboso viéndolo!! LARGO DE AQUÍ,,,,,!!

no me había dado cuenta que ya estaba yo adentro de su taller y dando tumbos traté de abrir la puerta pero no se habría,por fin pude salir y un instante después oí que ponía el seguro.

De pinta en Chapultepec # 7

De pinta con mi cuñado el Pollo
    Composición "original" de Angel Garay -el pollo- Y Jorge Aceves -el cape-

    Mientras comíamos galletas con queso y rajas mi cuñado el Pollo afinaba su lira saque la libreta que usábamos para "componer nuestras canciones" y usarlas en nuestro repertorio para después,atrás de nosotros estaba el castillo de Chapultepec nos brincamos la barda y bajamos asta por donde dicen se tiró uno de los niños héroes de Chapultepec pero no vimos nada.

    "- que esperabas encontrar carnal,,,,sangre,,,??? -" me dijo mi cuñado siempre el sarcástico.

    "- pues quién sabe qué tal si a lo mejor se les pasó algo cuando lo vinieron a recoger,a poco no ??-" Nos sentamos entre un montón de piedras parecía que alguien o algo las puso como círculo,sacamos de las mochilas la lata de rajas en almíbar y una caja de galletas Saltin y queso que compramos en la tienda de las gueras antes de irnos de pinta a la escuela.

    entre las piedras y los árboles al rededor de nosotros mi cuñado el Pollo me dice rasgueando todas las cuerdas hacia a bajo y ahogando el sonido con todos sus dedos "- escucha esta letra -" me dijo y saco de su mochila un pedazo de papel con algo escrito.

Y dice

---- Nunca sabrás jamás

----todo lo que te amo ----

----nunca jamás sabrás---

----lo que siento,,,,por ti. ----

---lo que sé es,,,que te quiero---

---lo que sé es,,,que me enamore de ti,,,,-"

"- oye carnal esa rola se me hace conocida,,,- " le dije

"- ahh a poco ??? -" y me dio el pedazo de papel

"- orale chingatela,,,,-"

Y pasó a formar parte de nuestro repertorio ahora solo nos faltaba alguien que tocara el bajo y un baterista y los micrófonos y amplificadores y bueno todo nos hacía falta pero lo que teníamos eran una guitarra,canciones y un chingo ganas

El ayudante de carpintero

El joven ayudante de carpintero ya casi iba a cumplir los seis años de edad prácticamente el había nacido ahí todos los maestros carpinteros que laboraban en el taller además de quererlo mucho poco a poco lo comenzaban a moldear para que supiera lo que era trabajar en una carpintería.

A su corta edad ya conocía los riesgos de caminar entre los bancos de trabajo ya no parpadeaba al oír el golpeteo de las herramientas.

A su corta edad tenía el ya designado una trabajo propio, cada ves que oía que alguno de los maestros carpinteros gritabar - MORRONGO !!! el inmediatamente ponía un bote en el fuego para fundir las tabletas de cola de pegar y llevárselas en cuanto entraban en estado líquido sin dejar de moverlas para que no se quemaran.

A su corta edad ya entendía los gajes de ese oficio más su gran suerte fue la de vivir junto a un expendió de revistas.

Don Raul el dueño durante toda su vida a eso se dedicaba a la venta de libros usados y de revistas pasadas de fecha así también como novelas y cuentos,todos los días afuera de su negocio tendía una lona y sobre ella ponía en hileras de dies todo tipo de cuentos y novelas los alquilaba a dies centavos por revista,los podías leer y devolverlo más tarde pero eso solo era con los conocidos a todos los demás les costaba de peso o dependiendo del estado en que se encontraban o que tan recientes eran.

Don Raulin entró al taller y saludó al abuelo Tomas después de intercambiar unas cortas palabras de cortesía con él,llamo al joven.

-" ese Capetillo ven y échales un ojo mientras voy a comer si ? -"

Y claro que les echaba el ojo al principio eran solo los dibujos y después cuando pudo entender la letra escrita se volví como una necesidad Leer un libro hoy es un privilegio

Gracias Don Raul.

En las granjas México D.F. # 7
El primo Daniel

Los sábados por la tarde nos sentábamos en la sala de la casa de la tía Chabelita, a ver la televisión junto con los primos al poco rato notamos que los focos comenzaron a parpadear y de repente,,,, se fue la luz.

Todos los adultos salieron corriendo a la calle para tratar de ver para donde se iba el cable que se estaban robando pero era como corretear a una gallina en la oscuridad pues las calle no estaba bien alumbrada siempre pasaba así pues en aquel tiempo la luz se traía desde donde estaba el generador que usualmente se encontraba asta la esquina a media cuadra de la casa.

Lo que hacía los amigos de lo ajeno era lanzar una ganzúa con una cuerda y luego la jalaban asta que el cable se rompía y rápidamente lo enredaban antes que llegaran los dueños de los cables que se habían conectado ahí y pues como era de cobre lo vendían,usualmente se lo volvían a encontrar otra ves en el tianguis donde lo revendían.

Ya estábamos acostumbrados a esos apagones y por eso siempre había quinqués para cuando pasaba algo así,la única luz en la colonia estaba en las esquinas pero era muy tenue pues los focos eran de poco voltaje y los postes estaban tan altos que no alumbraban mucho.

Uno de los vecinos llego diciendo que iba a ver pleito en la esquina y que ya se estaban juntando los de la otra colonia buscando con quien pelear.

Desde la casa vimos que varios muchachos de nuestra calle ya estaban enfrentando a los de la Ramos Millán pero nadie se atrevía a sacar la cara,solo estaban esperando haber quien hacía el primer movimiento uno de los de la otra colonia el más grandote de ellos comenzó a retar.

"- quiubo quien le llega primero,,,,-"

El primo Daniel se abrió camino de entre los muchacho y se paró enfrente de él grandote. "- que paso le vas a llegar,,,,-" le dijo al primo

"- orale,,,sobres,,,-" y apretó los puños

Comenzaron a dar vueltas como para conocerse el primo se veía tranquilo como si solo lo estuviera esperando y así fue de repente el grandote se le fue encima pero no lo pudo tocar, el chavo le sacaba un buen cacho de estatura y otra vez se fue sobre de él tirando golpes el primo hizo un movimiento de lado y lo prendió con un zurdazo en la nariz y con la derecha lo remató y el grandote se fue al piso y cayó como costal de papas,el primo no se quiso agandallar cuando lo vio tirado,lo dejo que se levantara.

El chavo ya sangraba por la nariz cuando se paró y enojado se volvió a ir sobre de él pero el primo otra ves hizo el movimiento de lado y lo volvió a conectar,,uno,,,dos y al suelo,,esta ves con más dificultad trató de poner de pie pero ya no hizo el intento de ponerse en guardia.

Se acercó donde estaban los de la otra colonia y señaló a uno que momentos antes le gritaba a su amigo que -le rompiera el hocico- al primo.

"- quiubo,,,le llegas,,?? -"

El chavo no tuvo de otra que entrarle,sería por orgullo o para no quedar mal con su banda y se puso en guardia este no se le fue encima como el otro este le tiraba puros jobs pero no se le acercaba cuando creyó que el primo estaba a distancia para tirarle más de dos golpes se fue sobre el pero otra ves el primo hizo ese movimiento de lado y le pasó como con el grandote lo prendió con el uno dos y al suelo lo dejo que se parara pero ya no quiso más castigo se le notaban los impactos en la cara y también sangraba de la nariz.

"- ay muere,,,ay muere,,, -" dijeron los de la otra banda y se fueron,el tiro había sido derecho y nadie se había metido,en aquel tiempo así era,lo recuerdo bien yo nunca había visto pelear al primo Daniel pero ahora se porque en el barrio lo respetaban.

Muchos años después vi a un boxeador profesional que hacía algo parecido se llamaba Mike Tyson

El Niño perdido # 6

No sé porque en momentos como este cuando siento que empiezo a aflojar el cuerpo -no literalmente - si no por el sueño,me acuerdo de cuando nos cambiamos a esa casa que nos la vendieron a precio regalado.

cuando por fin pusimos todos los muebles en su lugar fue que comenzaron a pasar cosas extrañas primero fueron las ventanas que se habrían cada rato, las revise todas y estaban bien, pero seguían abriéndose y luego fueron las puertas se cerraban de golpe como si el viento las azotará se oían los portazos a cada rato y decíamos en son de broma que tal vez había fantasmas en la casa.

Decidimos por si las dudas,ir a la iglesia le pedimos a el sacerdote que viniera bendecir la casa,después de que el cura lo hizo nos sentimos un poco más seguros por unos días no hubo ventanas abiertas o portazos como en días anteriores.

Pero poco después comenzaron los apagones en los cuarto, en la sala,en la cocina y luego la tele que se encendía y se cambiaba de canal y siempre se cambiaba a las caricaturas por sí sola,oíamos ruidos de alguien correr en las recámaras de arriba y también como que alguien se reía y otra ves fuimos a la iglesia para explicarle al sacerdote lo que estaba ocurriendo nos prometió ir al otro día para volver a bendecirla.

Esta ves el cura trajo todo su equipo,que con incienso y toda la cosa,recorrieron toda la casa de cuarto en cuarto cuando terminaron uno de sus ayudantes nos dijo "- sabía usted que en este lugar se encontraba un antiguo cementerio para niños -"

le dije que no y que en realidad yo no creía que existieran los fantasmas

"- le tengo más miedo a los vivos que a los muertos -" le dije

Pero de nada sirvió pues las cosas siguieron igual tanto que nos empezamos a acostumbrar a ellos un día compañero de trabajo me dijo que él conocía a una señora que era médium.

"- médium?? -"

"- si ella va a tu casa y por medio de sus poderes puede decirte que es lo que hay en tu casa -"

Yo incrédulo le dije que no creía en fantasmas ni espíritus chocarreros pero para salir de dudas le pedí que me diera el teléfono de la señora para ver si venía a darle a mi casa una revisadita.

Ese mismo día después de el trabajo le hable por teléfono y le explique lo que nos estaba pasando,me pidió la dirección y me dijo que por la tarde pasaría a vernos

"- como a eso de las 7 de la noche -" nos dijo

Y si a las 7 en punto toco a nuestra puerta. "- hola mucho gusto me llamo Mercedes vine por lo que me platicó -"

"- buenas noches,si como no pase usted -"

nos sentamos en la sala y lo primero que me dijo fue.

"- fíjese que antes de tocar a su puerta vi a un niño correr hacia la parte de atrás de su casa rumbo al jardín,tiene usted,familia,,niños ? -"

"- no,ya tenemos niños y casi todos en esta calle son gente ya mayor de edad -" "- entonces,creo saber quién es el que está en esta casa -"

rumbo a la avenida,alguien sentenció "- uuyyy dejen que se enteren las Poquiachis que la ex cuñada ya tiene novio y va arder Troya -"

Esa misma tarde alguien les comunicó la noticia y llegaron las cinco que aún vestían de negro con muy mal humor trataron de entrar por la fuerza a la casa pero no pudieron abrirla,enojadas se fueron a la esquina frente a la tienda de las Gueras a esperar a la pareja,mientras se repartían cigarro tras cigarro y haciendo muecas de enojo.

Nos pusimos de acuerdo de parar el partido de fútbol y mejor fuimos a comprar unos refresco a la tienda de las Gueras donde estaban ellas y nos sentamos frente a la casa de Doña Adita pues al ratito esto se iba a poner más emocionante que cualquier telenovela conociendo todos como eran las hermanas de Don Jorge especialmente Erika que era la más brava de las cinco.

Conforme pasaban los minutos más exaltadas se veían las hermanas de Don Jorge que tenían ya toda la banqueta llena de colillas de cigarro y tome y tome cocas ya casi empezaba a oscurecer cuando el taxi cocodrilo dio vuelta lentamente pasando junto a donde estaban las Poquianchis.

Ellas no se habían dado que ese era el taxi dónde venía su ex cuñada pero en cuanto vieron que se detuvo el coche frente a la casa de su difunto hermano y bajaban los dos dejaron todo lo que tenían y se lanzaron como abejas africanas sobre de ella,Doña Ada se dio cuenta de sus intenciones y se metió nuevamente al taxi,mientras el joven abría la cajuela para sacar las cosas se dio cuenta que Adita le gritaba desde adentro del coche que se subiera.

Al principio el se quedo extrañado por los dengues que hacía Doña Adita desde adentro del coche pero en cuanto vio a la turba que se le venía encima supo de que se trataba.

Se subió rápidamente a la ves que la hermanas ya habían alcanzado a llegar a el lado de el taxi donde estaba la ex cuñada que puso el seguro y subió el vidrio que las hermanas golpeaban furiosas tratando de romperlo con sus propias manos,pateaban y golpeaban el cache y le gritaban que se bajara.

El taxi arranco rapidamente con un rechinar de llantas y elias solo pudieron tirarle las piedras que tenfamos de porterfa.

Dona Adita ya no regres6 al barrio un dfa par Ia noche un cami6n de carga se llev6 todas sus casas.

Un pequeño arrebato # 2

Como todos los domingos,el tío Luis pasaba por nosotros para llevarnos a jugar fútbol al parque yo ya estaba listo y vestido con el uniforme del glorioso Atlante, con el venia la tía Luisa y Armando mi primo ya también con su uniforme. "- órale mi campeón súbase -"

El tío Luis era mi favorito,porque siempre nos hacía reír y siempre haciéndonos bromas

Pero cuando el tomaba el volante era otra cosa,para el tío Luis todos los que manejaba,en las calles - eran una bola de pendejos - porque según el ninguno sabía manejar nosotros nos moriamos de risa cuando manejaba por las calles,por todas las cosas que decía,puedo decir que por el aprendimos el "otro lenguaje".

Mas sin cambio la tía Luisa era todo lo opuesto muy callada y directa,ella era la que imponía el orden,la tía era muy guapa.

Poco a poco nos acercábamos al parque,en una avenida,el tío le dio un "cerron" a un "-baboso que venía comiendo camote -" o sea que no venía poniendo atención,pero el otro chofer,no lo tomo tan a la ligera y en el siguiente semáforo cuando el otro chofer se nos emparejó abrió la ventana y le dijo una letanía de groserías y le recordaba no de muy buena manera a su mama, pero el tío como sin nada,ni lo volteaba verlo.

Solo de broma le dijo a la tía Luisa

"- vieja,,,,ahí te hablan!!!,,,-"

Ella no se dio por enterada,solo movió la cabeza de un lado para el otro,

Cuando arrancábamos otra ves,el tío Luis saco la mano y le la echo para atrás lo que hizo que el otro chofer se enfureció todavía mas,en el otro semáforo se nos volvió a emparejar nuevamente y le dijo a la señora que venia con el que abriera la ventana y otra ves la misma letanía

"- es usted un pendejo,,,un pinche burro para manejar -"

y otra ves le recordaba a su mama.

"- vieja,,,ahí te están hablando-" le dijo otra ves a la tía Luisa y cuando arranco el tío le hizo el mismo gesto.

En la siguiente calle,nos agarro otro alto y esta ves la señora que venia con el otro chofer se bajo de el coche se fue sobre el lado de donde estaba sentada la tía,que ni tonta ni perezosa,subió el vidrio y le puso el seguro a la puerta.

La señora de el otro chofer estaba bien enojada y trato de abrir la puerta retaba a la tía a que se bajara.

"- órale vieja,,hija de de tal por cual,,,bájese porque le voy romper su madre -"

golpeaba la ventana y seguía insultándola.

"-ya ves vieja,,,,,te dije que hay te hablaban,,,-"

le volvió a decir el tío y parece que eso detonó la reacción de la tía,porque de repente,abrió la puerta con tanta fuerza que de el golpe la mujer aquella se fue para atrás con sangre en la nariz e hizo que perdiera el equilibrio fue en ese momento que la tía aprovecho para bajarse del coche y de un jalón le rasgo la blusa la señora al sentirse desnuda del pecho trato instintivamente de cubrirse los

Senos,ahi fue que la tía Luisa la agarró de el cabello y la zarandeo de un lado para el otro,como muñeca de trapo,cuando por fin la soltó,tenía mechones de pelo en las manos y ya en el piso,la tía comenzó a golpear a la señora con el puño cerrado una y otra ves,la pobre mujer comenzó a gritar pidiendo auxilio.

El señor de el otro coche salió y se abalanzó sobre la tía pero esta lo esquivo quien sabe como y al mismo tiempo lo rasguño feamente en la cara,el hombre se quitó el saco y trato de cubrir a la señora ahora los dos sangraban de la cara la gente se empezó a juntar a ver el show.

La tía se subió al coche muy agitada,el tío ni siquiera se movió de su asiento arranco el coche y nosotros desde la ventana de atrás vimos como los había dejado la tía .

"- hijole vieja,,,, que cargada eras,,,,,los dejaste como trepadero de mapache,,,-" "- TE QUIERES CALLAR CABRON,,,,,-" le grito la tía enojada

"- huyyy que carácter,,,,, -" le dijo el tío

"-Vete a la chingada -" le dijo ella ese día si que vi a una mujer bien encabronada y tan tranquila que siempre se veía

No fue mas que otro día al volante con el tío Luis

El pollito # 5

Mi cuñado Ángel - el Pollo - me convenció un viernes en la noche para que lo acompañara a Puebla,no le costó mucho el convencerme pues yo también sentí una ves es dolor que hoy él sentía, me dijo que como a la Magos le habían prohibido que siguiera viéndolo la mama de Margarita,se le llevó a Puebla de Los Ángeles para que dejara de verse con mi cuñado el Pollo.

"- entos que mi yorcho ??? Me acompañas,,-" me lo dijo en tono suplicante

Ni modo que le dijera que no,la bronca era de con quien estaba ella y en qué lugar de Puebla, a demás yo ni conocía Puebla,pero el interés de la aventura valían la pena,el estaba muy ofuscado para recordar cuál era la dirección de una abuelita que ella mencionaba mucho.

"- como vamos a llegar para allá si ni tú ni yo conocemos Puebla ? Y no tienes ni dirección?-" Después de tan solo un momento se me ocurrió

"- y porque no le preguntas al pecas,,,-"

"- mmm ese guey,,,de seguro fue el que se lo sugirió a la ñora -" El

Pecas era el hermano menor de Margarita,la chica en disputa,,,-por favor no me vayan a mal entender,porque en su momento esto fue muy serio-

Cuando llegamos a la conclusión los dos de que el Pecas era el que tenía la clave para resolver este problema nos fuimos sobre de él.

Que estaba muy tranquilo jugando de portero en una cascarita con otros chavos de su edad el Pollo y yo nos paramos junto a las piedras que servían de porterías.

Él nos miraba de un lado a otro lo conocíamos por tener un mal carácter

"- no estén chingando,,,-" dijo muy enojado como todos los de su generación,mocosos irrespetuosos

"- que te estamos haciendo guey,,,asta te servimos de poste,,,a poco no carnal -" "- clara,,mira,,-" y levantamos las manos más alto

"- yaaa no estén chingando,,,,-" se volteó gritando y fue cuando chutaron la pelota y no alcanzo a detenerla,,, Gooooooollllll le celebramos que le habían anotado.

Nos recordó a nuestra progenitora de una manera muy peculiar en el,pinches chamacos de hoy en día tan irrespetuosos no tiene consideración a sus mayores.

Como perdieron tuvieron que dejar a la otra retadora que ya estaba lista para entrarle,ahí fue que se lo agarro el Pollo y le dijo que pues -no fuera gacho-y le dijera a donde estaba Margarita.

El Pecas no quiso dar su brazo a torcer y lo mando a saludar a su mamá,entonces me acerqué yo y le dije al Pollito que me dejara hablar con el.

"- quibo mi Jaimito -" asi se llamaba el Pecas

"- y tu,,,que????-" me dijo enojado

"- oh no té aceleres pinche pecoso-"

"tu también me vas a pedir que te diga donde está mi carnala???-"
"- no mi buen,té propongo un trato,si o no -"

"- queeee -"

"- Si me das la dirección te doy chance a que te le declares a mi carnalita quibo?-" vi que le brillaron los ojitos

"- ahhhh a poco???-"

"- oh mi buen yo aca -"le cerré el ojo

"- la neta wuey ??-"

"- claro la neta,,,que? Trato echo???-"

Me dio la mano y la dirección junto con un número de teléfono.

El tener 5 hermanas es un privilegio,lo que no le dije fue con cuál de mis hermanas tenía que hablar me dio risa tan solo de imaginarme cuando le dijera a mi hermana que yo le había dado chance de hablar con una de ellas lo iban a mandar a la Goma.

Le di la dirección a mi cuñado el Pollo la segunda incógnita salió cuando me dijo,que si tenía yo dinero. "- para que??? -" le dije

"- pues para el autobús!!!-"

"- yo creí que tu ibas a pagar???-" "- uyyy no tengo lana-" me dijo

"- entonces,,,,como ??? -"

Con razón no le daban chance con Magos,estaba igual de quebrado que yo

"- entonces ya te quedaste sin novia guey-"

-las canicas-

Los juegos de canicas entre los chavos de mi calle se estaba volviendo más complicado pues a este nivel en el juego cuando estás acostumbrado a ganar los juegos donde había muchas canicas de por medio y te das cuenta que tienes un tiro perfecto te sientes invencible pues asta ese momento nadie a jugado mejor que tú y la colección de canicas va en aumento cada día.

Cuando llegas a ese punto todos quieren jugar contra ti y todos te quieren ganar en mi calle había un chavo,el hijo del sacristán de la iglesia,ese si era bueno,El Gato le decían,vi cómo fácilmente le ganaba a otros que eran mayores que el cada ves que me veía jugar contra otros chavos me picaba la cresta para que nos echáramos un tirito él y yo pero de solo ver la forma tan fácil como despachaba a los jugaban contra el yo por eso mejor le daba la vuelta.

"- no le saques,,,dos por uno -" me dijo un día después de que me vio ganar otro montón de canicas

-Quiere decir que si le pongo 20 quicas y le gano,,, me da 40 -

"- orale-" le dije pensé que tal ves hoy era mi día de suerte,ese día me fui a las ligas mayores jugándome todo lo que traía contra El Gato así le decían a Víctor el hijo del sacristán.

Saque todas las canicas que traía en las bolsas eran como 30 pienso que al verme decidido como que se dio cuenta que había hablado de más cuando dijo - 2 X 1 - pero no se echó para atrás.

Lo primero fue encontrar un lugar donde estuviera lo más plano posible y el único lugar mejor para eso era frente a mi casa ahí había un pedazo de tierra donde yo siempre jugaba y para allá nos fuimos.

El traía sus canicas en un morralito amarradas a la cinturón y cada ves que daba un paso al chocar en su pierna hacía que sonaran y por el sonido pensaba,cuantas traerá? otro paso y el choque otra ves.

En las canicas como en otros juegos hay reglas pero la diferencia es que en las quicas puedes jugar de diferentes maneras el y yo escogimos "la rueda" que era marcar un círculo y poner las canicas en medio y tirar desde afuera y tratar de sacar una de esas canica fuera del círculo y que tu tiro o sea la canica que usaste para tirar,se quede adentro y así sacar todas las canicas de adentro para afuera sín que tu tiro se salga de la rueda por que al salirse pierdes tu turno y le toca a tu contrincante tirar y ahí te puede acabar y más si ese día tú concentración y coordinación de vista objeto y mano estaban en lo máximo.

"- vamos a hacer una cosa -" me dijo

"- ponemos 15 canicas cada uno en medio de la rueda y el que saque todas gana,,,quibo??- "- orale,pero con una condición,,que la rueda se quede limpia,,,-"

Él sabía lo que era eso,sí sacabas todas las canicas la última junto con tu tiro tenían que salir de la rueda porque si tu tiro que quedaba dentro,perdías y tenias que regresar todas las que ya habías sacado.

"- orale -" me dijo

aplanamos bien la tierra y la rueda la hicimos de dos paso más de largo,así los dos tendríamos las mismas ventajas y como en otros juegos echamos un volado a ver quién tiraba primero.

Lo perdí.

Mi suerte estaba echada le tocó tirar a el primero yo por detrás hacia chonguitos cruzando los dedos para que fallara el primer tiro y por dentro decía.

-sebalo sebalo burro panson -

Pero no sirvió de nada su primer tiro saco una canica y la suya se quedó adentro de la rueda y comenzó la masacre.

Canica tras canica fueron saliendo una por una y siempre dejaba su tiro en posición de ventaja este era todo un maestro era como uno de esos toreros que sabe que lo van a sacar en hombros por la faena que te está dando.

No me da pena decirlo pero ese día me pararon una chinga a mi puro tamaño,cuando creía yo que ya me la sabia de todas todas no me dejo tirar ni una sola ves tristemente vi como mis canicas se esfumaban una por una.

Cuando terminó me extendió la mano pensé que la íbamos a choca pero no me decía que le dieras la otra 15 canicas que faltaban,apuestas son apuestas,sentí bien gacho casi quería llorar cuando las saque de mi bolsa y se las di sentí como que me pagaban en el estomago.

Y entonces si me extendió su mano para que la chocará con el hice lo mismo,cuando me di la vuelta sentí como cuando pierde la selección pero a medio camino me alcanzó.

"- toma,,,,para que hagas tu ronchita -" y me dio las 5 canicas más caras que tenía

El hijo del sacristán estaba bien protegido pues su papá trabajaba para Chuy el patrón

El secuestró express

Todos los viernes mi amigo Victor y yo salíamos en pareja al parque con nuestras novias que eran hermanas se había vuelto costumbre de hacerlo al llegar al parque el y su novia se iban a su árbol favorito y nosotros al nuestro solo que esta ves hice un comentario que hizo que mi novia se molestara conmigo son de esas cosas que se te salen sin pensar.

Cuando por fin las dos salieron de su casa nos abrazamos y le di un beso y sin pensarlo le pregunte "- que comiste ?? -" "- por qué ?? -" me dijo y se detuvo "- porque ?? -" me volvió a repetir "- es que tu beso me supo a cilantro -" le dije sin pensarlo su reacción fue obvia "- oh si,,,,entonces te supo a cilantro ?? -" por su respuesta me di cuenta que había metido la pata o más bien había metido las dos patas.

Se soltó de mi abrazo enojada,pero seguimos caminando rumbo al parque detrás de su hermana y mi amigo,trate de abrazarla pero no me dejo,me volvió a quitar la mano "- no te enojes solo fue una broma,,,-" no me contesto nada cuando llegamos al parque me acerqué a nuestro árbol pero ella no me siguió se fue a sentar en una banca a un lado de la calle.

Me di cuenta que la había regado feamente y pensé - que ahora como la iba yo a en contentar fui y me senté junto a ella en la banca pero se movió al otro lado lejos de mi.

"- gordita,no te enojes,discúlpame si,,,-" se volteó para el otro lado y me arrodillé a un lado de ella y le volví a pedir perdón,pero nada,desde lejos vi que mi amigo estaba en lo suyo con su novia y yo aquí sentado tratando de que en contentarla.

En eso,sentí un golpe fuertísimo en la espalda alguien detrás de nosotros me había dado una patada y momento después el mismo hombre mal encarado me levanto del piso con lujo de violencia y venía acompañado de otro hombres igual de corpulento que el que agarro a mi novia del brazo fuertemente ahí fue cuando traté de resistirme para tratar de protegerla pero otra ves el hombre aquel me golpeó en la boca de el estómago me saco todo el aire con dificultad podía respirar.

"- que les pasa porque están haciendo esto -" a penas si podía hablar. "- cállese pinche gallito nos los vamos a llevar detenidos,,,,,-"

"- pero porque no estamos haciendo nada -" otra ves me golpeó en ese momento se frenó un coche oscuro frente a nosotros y hacia el nos empujaron en eso llegó mi amigo con la hermana mi novia preguntando que era lo que estaba pasando y sin más también a ellos los agarraron y nos empujaron a dentro del coche y en el ya traían otra pareja de novios que estaban igual de aterrados que nosotros. Uno de ellos el que parecía ser el jefe nos amenazo con que si no cooperábamos nos iban a llevar al reclusorio para menores.

"- pero porque no estábamos haciendo nada malo -" y otra ves me golpeó

"- cállese el hocico cabron y escuchen bien haber tu vamos a darles una vueltecita -"

Le dijo a uno de sus gorilas el que manejaba el coche el auto se puso en marcha rumbo a la avenida.

"- a ver saquen todo lo que tienen en las bolsas -" nos esculcaron y nos quitaron lo poco que teníamos mientras el coche seguía dando vueltas.

"- a ver tu gallito -" me dijo "- donde vives !! le di mi dirección y para allá nos llevaron

"- óigame bien cabron -" me dijo "- quiero que vaya a su casa y le diga a sus papas que unos agentes me habían agarrado fumando mariguana y que si no les daba quinientos pesos nos iban a la delegación -"

"- pero porque si yo no fumo nada de eso -"

"- que se cállese el hocico le digo -" y otra ves me golpeó cuando llegamos a la calle donde vivía yo el coche se detuvo frente a mi casa y me saco del coche.

"- aquí nos vamos a quedar esperando con tu novia por si se quiere pasar de listo acuérdese quiero quinientos pesos y más le vale que nos lo den o nos vamos a llevar a su nena me oye,,,, orale jálele -" me baje del coche pensando de dónde iba a sacar mi mama ese dinero si difícilmente eso era lo que ganaba por quincena toque la pared que era el timbre de nuestra casa y salió una de mis hermanas entre rápidamente y cuál fue mi sorpresa al entrar y ver a el Ángel de mi guarda que estaba platicando con mi mama era mi tía Elena ella tenía mucha experiencia en tratar con ese tipo de policías le platiqué lo que me habían echo y que también tenían a mi novia y a su hermana "- y quieren que les de quinientos pesos o se los van a llenar -" se paro y me dijo "- a ver llévame a donde están -" salimos a la calle y se cruzó hacia dónde estaba el coche "- a ver saquen a mis sobrinos del coche orale pero ya,,-"

El hombre mal encarado "- a ver señora bájele y se me calma,,o de lo contrario me la llevo a usted también -"

"- oh siii y de que me va a acusar pendejo orale lléveme a la delegación y verá cómo le va a ir hijo de la chingada cuando le platiqué al general Martinez lo que están haciendo desgraciados,levantando a pobres muchachos que no le están haciendo mal a nadie -"

Al oír el nombre del general la actitud del que era El jefe cambio de inmediato.

La tía Elena solita se metió al coche y les dijo "- orale hijo de la chingada llévenos -" "- señora por favor bájese vamos a platicar usted y yo -"

"- que bájese ni que bájese hijo de la chingada en lugar de hacer su trabajo se dedican a secuestra jóvenes porque eso es lo que está haciendo -" el hombre nos dijo que nos saliéramos del coche pero no dejo que la otra pareja que ya tenía antes que nosotros se bajaran.

La tía misma los saco del coche y les dijo que se metieran a mi casa yo me quede con ella el tipo mal encarado tuvo la desfachatez de que ya de pérdida "- le diera para las aguas -"

"- que poca madre !! Pero ya me los voy a encontrar a usted y a este par cuando le diga a Martinez a lo que se dedican hijos de la chingada -"

La tía me abrazo y comencé a llorar -" cálmese mijo ya pasó ya pasó -"

la abrase como cuando sientes que te ahogas y alguien te da la mano para salvarte dentro de mi casa mi mama ya había echo un té para que nos calmáramos ahora me preocupaba que le íbamos a decirle a los papa de nuestras novias pero mi cuñada me dijo "- no te preocupes cuñado yo la voy a convencer -" para ese entonces ya era casi media noche salimos para acompañarlas.

Esto sucedió en abril de 1969

Historia corta
En el nuevo trabajo

Nos llamo el tío para darme la noticia de que por fin nuestra aplicación de empleo había sido aceptada y no sólo con eso,también aceptaron la del tío Juan y la del señor Toño.

"- o sea que todos vamos a trabajar juntos,,,,,con un solo coche ya la hicimos !!! -"

Teníamos ya como tres meses esperando la respuesta de trabajar para este lugar mientras que unos trabajaban de temporales ganando el mínimo otros como yo que teníamos un ahorro ya casi agotado en esos tres meses de espera,pues fueron las mejores noticias ahora ya por lo pronto iba a tener una entrada de dinero y lo mejor de todo era que toda la banda de el DF íbamos a trabajar juntos.

"- tenemos que ir a una clínica para que nos den una revisión médica que es requerida y luego a otra prueba no sé de qué en otra parte del mismo edificio y si pasamos las pruebas empezamos a trabajar al día siguiente -"

Por fin habían aceptado a toda la banda para trabajar en esta tienda nuestro trabajo consistía en asear las alfombras y pulir todos los pisos,entraríamos como a las 10 de la noche y asta el otro día a las 6 de la mañana o sea que estaríamos encerrados en la tienda toda la noche.

El día de la cita todos nos fuimos en el tren porque ir al centro de la ciudad en coche es muy caro y difícil de encontrar lugar para estacionarse,el consultorio del doctor estaba en el piso 20 y cuándo llegamos la vista desde ahí era impresionante se perdía en el horizonte,el agua de lago Michigan.

La joven recepcionista nos indicó donde sentarnos y a todos nos dio un formulario que habría que completar era nuestro historial médico todas las preguntas que hacían eran tan extrañas porque está era la primera ves en mi vida que un doctor me iba a revisar,que yo recuerde,nunca fui a un consultorio a no ser que fuera a la Prensa a sacarme una muela picada.

No hubo mucho que marcar y como yo fui el primero en regresar el formulario a mí me llamaron primero,el doctor me indicó donde poner mi ropa y me dio una bata para que me cubriera luego,me pesó,me midió "- abra la boca y saque la lengua y diga AAAAAAAA -"

Me revisó los ojos con un aparatito que tenía un puntito rojo de luz enfrente luego hurgó dentro de mis oídos me palpó el cuello debajo de la quijada se desenrolló el estetoscopio que tenía en el cuello y me lo puso en la espalda "- inhale aire por la boca   Otra ves,otra ves -" me decía mientras me lo pasaba por toda la espalda luego por el pecho y lo mismo "- respire -".

Me dijo que me subiera a una plataforma y me revisó la ingle y mientras hacía presión ahí,me pidió que torciera "- otra ves,,,-" luego me dijo que me bajara y vi que se puso unos guantes "- dese la vuelta por favor las manos en la mesa,,,separe las piernas,,,relájese -" se puso a un lado de mi.

Y moles,,,,,así fue que supe cómo checan la próstata cuando por fin termino y me dijo que me vistiera estaba yo todavía en sock

"- cuando salga por favor dígale a El señor Rodríguez que pase -"
Al salir me acerqué a ver al Pato

"- sigues tú mi buen -" le dije

"- yo ? -" me dijo como sorprendido dejando la revista que estaba leyendo

"- si tú,,,,,ah,,,,,cuídate cuando te diga que te relajes,,,,,-"

"- que ??? -" el patito no sabía lo que le esperaba,otra inocente víctima hacia su entrada. "- ay me avisas como te fue,,,-"

Me quede pensando la cara que pondría cuando el galeno le dijera,,,,relax.

Al salir vi su reacción,que era igual a la mía,cuando yo salí,se me acercó

"- porque no me dijiste wey,,,!!! -" yo me eché a reír discretamente y luego me dice

"- vamos a ver con que cara sale don Toño y el tío Juan -" me dijo y comenzó a reírse maliciosamente

"- como que con cuál cara? Pues van a salir con la misma que tú y que yo y a ver si no te la hace de a tos Toño pues tú le dijiste que él seguía te acuerdas -" le dije

"- si verdad ? -"

En ese momento salió don Toño con la misma cara de afligido que nosotros se acercó al tío para decirle que él seguía y luego se vino a sentar con nosotros

"- le midieron el aceite a usted también don Toño??? -" le dijo el Patito y comenzamos a reírnos asta don

Toño le entro.

"- pinche doctor,le pregunté qué para que era eso y dijo que para revisar la próstata-"

"- la queeeee -" en eso sale el tío,igual,la misma cara que nosotros pero no dijo nada ya que salimos del consultorio nos dijo que ahora teníamos que pasar una prueba de detector de mentiras porque como era una tienda comercial,de esas donde venden todo bien caro y pues era un requisito.

"- yo lo e visto en películas,,,-" dijo el patito

"- te ponen una cosa en el pecho y en el dedo y te hacen preguntas y tienes que contestar con la verdad o el aparato avisa si estás mintiendo -"

"- y que les vas a contestar si te preguntan cómo te gusto la visita con el doctor? -" Le dijo don Toño al Patito

"- pues yo les voy a decir que me den su teléfono -" Y todos nos echamos a reír asta el tío Luis

El asalto historia corta

Don Pedrito,el maestro carpintero,contento,regresaba de su trabajo. Satisfecho de ver terminado "el pendiente"aquel que tenía

Abordo de el Sonora-Peñón que lo llevaba de regreso a su Colonia pensaba llegar con su amigo y colega carpintero Tomás,aunque don Tomás era la competencia,entre ellos nació una buena amistad y en incontables ocaciones,se juntaban a festejar y demostrar sus dotes de músicos.

Porque después del animado juego de rentoy,que era de cajón le seguía el concierto junto con don Luis el taxista y don Toño el dueño de la tienda se enfrascaban en el juego que podía durar asta media noche o cuando doña Mariquita se le subía lo Ledezma Ledezma doble apellido y pa'fuera todos Regresando al camión.

Como todo un caballero de esos que casi ya no existen,le cedió el asiento a una joven que había subido y no encontraba asiento.

Con su pesada bolsa de herramientas se paró frente a ella y tomo el pasa-manos el camión se llenó y se puso en marcha

No tenía mucho tiempo parado cuando comenzó a ver que la joven del asiento le hacía "gestos" y con los ojos le apuntaba para un lado y para el otro,movía los labios discretamente como queriendo decirle algo.

Don Pedrito estaba confundido

No sabía que pensar de esta situación en la siguiente parada se bajaron varios pasajeros y tubo oportunidad de sentarse junto a la chica acomodando su bolsa de herramientas entre las piernas la joven espero a que el camión arrancará y le dijo.

"-dispense don,pero trate de que se diera cuenta,,,,,-" "-cuenta?? De qué señorita??-"

"-de que lo estaban robando-"

Inmediatamente se buscó la cartera y si,se dio cuenta que se había esfumado pero respiro aliviado al comprobar que el dinero de su trabajo lo tenía en la bolsa de la camisa.

Ese fue el tópico de la noche durante el juego de rentoy, entre otras cosas

Don tomas le dijo en son de broma "-Pedro creíste que habías pegado tu chicle ah-" y todos soltaron la risa.

La Chiquis. # 3

Cuando por fin nos instalamos en lo que iba a ser nuestra casa por muchos años ya teníamos casi todo acomodado solo faltaba la cocina,esta iba a ser nuestra primera noche en este nuevo lugar.

Y mientras se ponían de acuerdo de en donde iban a poner la estufa alguien desde la calle tocó en el vidrio de la ventana,mi mama se asomó a ver quién era me dijo que fuera a abrir la puerta.

"- quibo,,,como te llamas -" era una niña flaquita flaquita un poco más alta que yo que luego luego me pregunto en cuanto abrí la puerta una niña la seguía y entraron

Nosotros no conocíamos aún a ninguno de los vecinos yo no había visto a chavos de mi edad asta ese momento.

"- buenos días señora,,-" le dijo a mi mama extendiéndole la mano la niña que venía con ella también extendió la mano a mi mamá.

"- me llamo Marta vivo allá enfrente en el 44-" Marta era una muchachita de pelo negro mi mama la saludo y ella sonrió.

"- cuantos años tienes Marta "-

"- voy a cumplir 13 en septiembre seño -"

"- parece que a él le comieron la lengua los ratones verdad -" le dijo a mi madre refiriéndose a mi mientras saludaba a mis hermanas.

"- mira qué casualidad el también es de septiembre -" "-que día de septiembre,porque yo soy del 26 -"

"- y él es del 25 -"

"- entonces es casi mi tocayo de cumpleaños -"

Ella fue la que nos presentó a todos los chavos de nuestra calle y siempre trataba de cuidar a los más pequeños y los entretenía enseñándoles manualidades le gustaba arreglar a las niñas y ponerlas chulas como decía y pues todas la procuraban y la buscaban,ella siempre traía a alguna de sus niñas siguiéndola

Desde ese primer encuentro se volvió mi hermana mayor ella conocía a todos los niños de nuestra calle y todos la querían pues siempre estaba dispuesta a dar consejos y evitar que nos peleáramos,le gustaba jugar al fútbol con nosotros y le entraba con gusto a las patadas.

Después de que regresábamos de la escuela ella organizaba juegos en las tardes como a las escondidas,al bote,el bolillo a todo le entraba,asta a las canicas pero lo que más le gustaba era bailar,casi a todos nos enseñó a -mover el esqueleto-como ella decía y nos mostraba como hacerlo pero su ilusión era bailar el vals cuando cumpliera los quince años ya asta sabía que vals iba a bailar.

Ella era como nuestra segunda mama le confiábamos lo que en nuestras casas no nos atrevíamos hacer,conforme crecíamos vinieron los dramas de la pubertad las novias y en el caso de las muchachas los novios,siempre nos daba buenos consejos y nos ayudaba cuando había problemas y siempre nos repetía que nos respetáramos y así junto a ella fuimos creciendo.

Recuerdo que faltando seis meses para que cumpliera sus quince años nos junto a varios para ser sus chambelanes y todos los días por la tarde nos poníamos a ensayar en el patio de su casa su vals favorito que era El lago de los cisnes,nos juntamos cinco parejas y ella,conforme pasaban los días cada ves se nos hacía más fácil ensayar la rutina de los pasos que nos enseñaba solo que faltaba una cosa,su pareja.

Sin que ella supiera nos pusimos de acuerdo en quien sería pareja y decidimos que Raúl -La tota- el portero de nuestro equipo era el indicado porque nos dimos cuenta que le gustaba,pero él era muy tímido y no se atrevía a declarársele aún a pesar que a ella también le gustaba.

Ese día antes de empezar los ensayos todos los muchachos le dijimos que ya habíamos escogido quién iba a ser su pareja principal.

"- y a quien escogieron ??,,,-" nos dijo intrigada.

De entre los muchachos que nos veían ensayar todas las tardes estaba Raul y fuimos a traérselo,el también estaba sorprendido pero sirvió para comprometerlo y así no pudiera echarse para atrás,el todo cohibido no le quedó de otra que aceptar y cuando le pidió si ella estaba de acuerdo nos pareció que se le estaba declarando y desde ahí quedaron prendidos uno de el otro y ya no se separaron más.

El día de su cumpleaños ya estábamos listos y con el vals aprendido de memoria los papas de ella echaron la casa por la ventana para hacerle su fiesta nosotros como pudimos conseguimos trajes para salir vestidos igual y las damas vistieron de rosa y cuando nos toco el momento de salir a bailar el vals se movieron todas las mesas y nos acomodamos en nuestras posiciones y pusieron el disco cuando empezaron los primeros acordes de la música todos entramos en el papel y nos salió a la perfección nadie se equivocó y todos emocionados oímos como nos aplaudían los invitados a la fiesta tanto que nos pidieron repetirlo otra ves y nosotros no nos hicimos del rogar y otra ves nos salió a perfección tal y como lo habíamos practicado.

Ella estaba que no cabía de gusto con mucho orgullo y con muestras de cariño nos presentó con todos sus invitados siempre agarrada de la mano de Raúl la fiesta duro asta la madrugada como suele suceder nosotros nos juntamos en bolita junto con ella y entre brindis y brindis nos acabamos dos botellas de sidra todo había salido perfecto.

Marta murió dos días después víctima de un ataque cardiaco una enfermedad congénita terminó con su vida,ella nunca nos dijo de su enfermedad aún con su muerte nos enseñó una gran lección.

-El amar a tus semejantes asta el último momento asta el último suspiro-

El día de su funeral le pedimos permiso a sus padres de volver a bailar su vals y accedieron solo que esta ves lo hicimos sin música lo hicimos en silencio al terminar rodeamos su ataúd y entre lágrimas le dimos un último aplauso.

El principio del fin

Por la ventana vimos quien tocaba a la puerta un coche de color oscuro se había estacionado frente a nuestra casa una de las vecinas fue quien les abrió algo le dijeron y luego nos fue a tocar a nosotros.

"- ahí le hablan doña Eme -"

Mi madre salió a la puerta y la seguimos,el hombre vestido de traje le pidió que querían hablar a solas con ella no quería que lo oyéramos desconcertada nos hizo regresar a la puerta y después regresó con el hombre aquel no tardamos en ver la reacción de mi madre poco después de que el hombre le dijera algo ella se llevó la mano a la boca y el le dio un sobre se subió al coche y se fue,los vecinos que estaban afuera se acercaron al ver que estaba llorando.

Desde ese momento su vida cambió parecía que el echo de saber que él había muerto y ella no lo creía posible ayer estuvo con él y hoy le decían que fuera a reconocer su cuerpo como? sin contestarle a nadie entro a la casa tomó el monedero un suéter en la puerta antes de salir nos dijo qué fuéramos a comer con mama María,la abuela.

Palabras sueltas

El barrio México D.F.

Historia corta

Hoy como en muchas ocasiones,me acorde de mi barrio,aquel que deje hace muchos años.

Los recuerdos y vivencias de lo que ahí sucedió,aún siguen en mi mente,las caras de todos aquellos que tocaron mi vida de una forma u otra están hoy tan frescas en mi mente como cuando los vi la ultima ves.

No puedo pasarme nada mejor en mi niñez que cuando llegue a vivir a ese lugar a esa colonia,tan llena de vida,las amistades que nacieron ahí aún perduran.

Y aunque se que no se puedo el tiempo regresar esos recuerdos no los podré olvidar nunca.

Doy gracias por haber pasado una infancia y parte de mi juventud rodeado de gente buena,que ayudó a forjar mi carácter.

En ocasiones como hoy cuando me entra la nostalgia mi mente regresa a ese mismo lugar y me rejuvenece el tan sólo recordar todas esas vivencias fue ahí donde conocí el amor por primera ves y también fue ahí que conocí el dolor Jledezma

Palabras sueltas
De perros

Me llamo la atención que no lo oí ladrar cuando llegue,y cuando bajo la escalera lo hiso muy lentamente y con las orejas gachas,mmmm y ahora que tendrá?.

No le importó cuando le mostré el collar que usualmente usa cuando lo saco al parque,a leguas se veía que este,estaba enfermo o algo le dolía.

Me quiso morder al tratar de tocarlo,ni modo,pal'doctor.

Con una toalla lo cubri y ya así se sintió más seguro a 2 calles esta el vet.

"- es un disco herniado lo que tiene su perro-" me dijo el DR después de tomarle una placa

"- eso mismo tengo yo-"

"- si,pero en este caso el se puede quedar paralítico de la mitad para atrás-" "- Ah,yo también-" le dije,

"- Póngalo en la jaula por mínimo 2 semanas,restricción de

movimiento total. "- Y la cola?? Cómo lo hago para que no mueva la cola?? -"

El doctor le recetó unos antiinflamatorios y listo

Con la 2da pastilla ya andaba corriendo el guey digo el perro

Palabras sueltas
El mejor amigo del perro

"- Me sigue para donde vaya es mi fíel amigo el es mi ser humano y me a tomado tiempo el educarlo lo e tratado de entrenar para que sea más servicial pero es muy impredecibles aún así es MI ser humano -"

Normalmente es un buen ser humano aunque en ocasiones se enfada por nada y a tratando inclusive de atacarme pero me enojo le muestro mis dientes y se calma ya lo conozco bien,se de que pie cojea como cuando me quiere cortar las patas porque? Y termina solo cortándome las uñas.

Lo conozco desde que tengo uso de razón lo e ido formando a mi manera,el problema que tengo con el es que no entiende no sabe como comunicarse conmigo le tengo que mostrar lo que quiero

Solo quería un café

La joven que trabaja a mi lado,todos los días trae un café que huele delicioso a mi casi no me gusta tomar café pero el de ella mmmm no se que le ponen pero cuando entra con el,deja un halo de rico sabor flotando en el aire y le pregunté

"- que es lo que tomas que huele tan rico,,-" "- es un café latte -"

"- leti ? Café leti -"

"- no no no L a t t e -"

"- ohhh oh si,,,late,,, late -"

"- lo voy a probar cuando salga -"

"- si quiere yo lo acompaño por si me necesita-"

Le dije que no que no era necesario,que pues con el puro nombre me lo podían servir, "- que tan difícil puede ser eso verdad?-"

Pero seguía insistiendo en acompañarme

"- mire vamos juntos esta ves,ve usted como lo ordeno y ya después usted verá cómo es más fácil hacerlo -"

"- Gracias gracias-"

A la hora de la comida salí sin decirle nada pero seguía

pensando,porque me quería acompañar ? como si fuera tan difícil pedir un café.

La cafetería estaba llena de gente y mientras me formaba en la línea para ordenar tres personas me faltaban para llegar y no se pero me sentía incómodo

- latte latte - seguía repitiendo asta acá oía el ruido de las batidoras y el aroma ese,entre chocolate,canela,café.

"- dígame qué le podemos servir,,-" me dijo la joven

"- mire quiero un café,,, un Letii -" "- perdón,,,un que ? -"

"- Letti ??,,,-"

"- ah usted quiere un Latte verdad -" "- si,si, un late chico por favor -"

La joven pasó mi orden

"- un latte grande,,,,-"

"- no,no,no dije chico,,,,-"

"- si yo sé,pero el grande es el chico-" "- no,,,-"

"- es que aquí el chico se le llama grande -"

-" ???? -"

"- quiere leche ? Azúcar ? -" "- si azúcar y leche -"

"- leche descremada,,,2% o de soya ? -"

"- perdón ??,,,,leche leche -" no sabía que había tantas leches

"- que clase de azúcar,,,,regular o,,,,-" "-,,,,,,,??? solo azúcar -"

"- el café es frío o caliente?,,,-"

Con razón me quería acompañar tanta bronca para pedir un pinche café

"- gracias,,,,,sabe que mejor prepáreme un té -" "- que clase de te tenemos de,,,,,,,-"

"- no no olvfdese gracias-"

Starsucks,,,,

Canción

Hola

soy yo otra ves

Tan solo hablé

para saber de ti

En esta noche

Sin sueño

Quise Saber que tu

Te encuentras bien

Se que ya es tarde

Pero no quise esperar más

Por eso es que te llamo

Solo quiero escuchar tu voz

Discúlpame

Pienso en ti cuando no estas

Como hoy

Como ayer

Palabras sueltas
Conversaciones de mesa

Ya sé a vuelto un hábito que a la hora de comer siempre nos sentemos las mismas personas,las mesas son suficientemente grandes que cabemos seis cómodamente aunque parezca extraño,todos estamos sentados cómo en escalafón,el jefe a la cabeza y a su derecha su subalterno y luego seguía a su izquierda,alguien ajeno al grupo.

Los jugadores

Hutup Jorge Handrick Bruce Martin Djuro

En esa mesa se sentaban cuatro continentes,la hora qué teníamos para comer,en ocasiones se extendía un poquito más de lo debido,pero estando el jefe ahí,pues cuál era la bronca!.

El domino ya se había convertido en el juego oficial que comenzaba en cuanto alguien terminaba de comer,y caminaba hacia la mesa donde estaba la caja con el juego.

Y como siempre los cuatro éramos los los mismos siempre

comenzábamos el juego y mientras las fichas circulaban,la platica comenzaba,cualquier tema era bien venido y en muchas ocaciones,nos quedábamos con la boca abierta por conocer sus gustos y creencias.

Esta ves la platica comenzó con un comentario algo así como "donde conociste a tu novia,esposa" bruce que era polaco nos dijo algo gracioso de la forma en que conoció a su esposa.

"- fue en un bar,estaba tan peda que se cayo del banco donde se iba a sentar " todos soltamos la risa,nunca supe si lo dijo en serio pero no dejaba de reír, " y tú ?" Me pregunto," me la presentó mi hermana" les dije y mientras el indu hutup nos hacía pasar pues traía los cincos.

"Pasó,25 centavos,pasó otros 25"

Le seguimos,"-salimos como novios por año y medio,antes que le pedí que nos casáramos

"- como que saliste por un año antes de casarte??-"

Me pregunto el hindu,pero parece que no le entendí bien

"- como ?? Cuánto tiempo saliste tú con tu esposa antes de casarte??-" "- nunca,,? yo la conocí el día que me case con ella,,-"

"- entonces no la cortejaste ?? -"

"- que chingaos es eso -" este Indu de tanto oírnos decir groserías en español que se aprendió un buen numero de ellas

Nos vio con cara de y estos??

"- en mi país se acostumbra arreglar tu matrimonio con alguien parecido a ti o que hace buen match contigo-"

Pues que valiente pensé

"- y como es que la viste por primera vez?-" "- en foto,,,-"

"- y ella ??-"

"- igualmente,le enseñaron mi foto-"

"-entonces no puedes divorciarte ?? -"

"- por que,entonces para que me casé con ella?-" "- y que tal si no te sale buena esposa??-"

"- ella lo es,ya tenemos tres hijos-"

"- y quien manda en tu casa ???-" Le digo para picarle la cresta

"- Yo,,,-"

"- y ella ???-"

"- nada,ella me sigue sin protestar-" Ahhhh ya salió el peine

"- entonces,,yo me quiero ir a vivir a la India y conseguir una esposa así,,,-" JLedezma 5/19

Palabras sueltas
Cuestión de huevos

Mi amigo de mesa un filipino que parece chino siempre trae un par de huevos hervidos que al pelarlos siempre le quedan perfectos no se le descarapelan como a mí, su cascara la desprende nada más haciendo presión para los lados, fácil el huevo queda intacto, solo para ponerle sal y tantita salsa búfalo. Los míos en cambio diré que tengo suerte en poder comerme integra la yema porque lo demás se va en la cascara.

Le pregunté al chinito -aunque es filipino- que como le hacía para que le salieran tan perfectos sus huevos.

"- porque no se te rompen como a mí,,? -" Volteo a verme con cara de sorprendido

Me pregunto qué le dijera como yo los hacía

Le expliqué

Agua hirviendo, huevos 6 minutos y listo,,, "- eso es todo,,?? -"

"- si -"

"- y se te rompen,,,??? -"

-como decía,el clásico chino,,,misterioso,,-

Hace una pausa antes de contestar te deja en suspenso te sientes como,nervioso como cuando esperas que tú novia te de el,si, o el no.

"- no le haces un hoyito ??-" "- Un hoyito?? -"

Me vio que puse cara de desconcierto y yo pensando -a chinga un hoyito??- "- hoyito,,,donde??? -"

"- abajo,,,no en la punta,,abajo,ahí una bolsa de aire,con una aguja lo pinchas solo un poco y listo,,,el vapor entra por el hoyito,y cose todo el huevo,,,-"

Entonces la palabra mágica es -a vapor-

Y de veras que sí,si salen perfectos ahora sí diré que mis huevos están igual de perfectos que los del chino-filipino

.

Palabras

Canción

El amor de hoy
Ya no es el mismo
Que como ayer
Cuando en verdad dabas
Sin esperar nada
Parece que hoy la seguridad
Es lo más importante
Aunque el precio sea
Perder tu juventud
Perder la dignidad
Pero que más da
no solo con sonreír
las puertas se abrirán
Si hay un precio que pagar
Se paga y ya

Poema

- - vieja

- ya me voy

- - En la bestia

- me voy a montar

- - Con todo hacia el norte

- - Le voy a dar

- - no me esperes

- - - - no se cuando voy a regresar

- - no te olvides

- - la luz en la ventana

- - por si un día puedo

- el camino encontrar

- - Vieja

- - ya me voy

- El silbido el silbido

-,,,,ahí viene ya !!! -

Poema

Aun después de tantos años
Que an pasado ya
Para mí
siempre estarás igual tu cara no a cambiado
ni tu sonrisa ni tú forma de pensar
Yo se bien que algún día no se porque
te voy a encontrar no sé cuando
no sé dónde
pero sé que algún día
Nos volveremos a ver
Mientras tanto,,,duerme
que cuando despiertes
Yo estaré ahí

Historia corta
Platica de novios

"- Oye,,!!! No me gusta que te digan así -" me dijo ella molesta

"- pero,,es el único apodo que conozco lo conozco mejor que mi nombre!!! -" "- pues si,pero a mí no me gusta que te digan así !!! -"

"- ah no pongas atención es solo un sobrenombre nada más,no tiene nada de malo -" "- y el tuyo ??? a ti cómo te dicen en tu casa ??? -"

"- ya parece que te lo voy a decir,,!! -"

"- achis,,y porque no ?? por eso soy tu novio !! -" "- pues si y todo,pero no eres mi marido,,-"

"- pero tú ya me prometiste que te ibas a casar conmiguel y es lo mismo que estar casados,o no??,,,así es que,,,-"

"- así es queeee ???-"

"- que aflojes tu apodo,,,sobrenombre o artístico o algo por el estilo,,,ora!! -" "- que aflojes ni que aflojes!!! -"

"- de seguro te decían la "enojona" a poco no ?? -"

"- ándale no ??? Dime cómo te decían, a demás tú ya conoces el mío,,,-"

"- deberás quiere que te diga el mío ??? Me prometes no decírselo a nadie Ah!!-" "- sabes que,,,,mejor no,,,no me digas cómo te,,,,-"

"- deberás quieres que te lo diga,,,,?? -" "-,,,,,ahhh no mejor no,,-"

"-yo a ti te digo -mi gorda- no pero eso,,,no te molesta,,,verdad,además es,,,de cariño -" "- ven,,,quiero decirte algo,,,, pero en el oído,quedito,para que nadie oiga,,-"

"- de veras,,,??

"- siiiiii ven acércate

"- a ver,,,,??? -"

algún momento de 1970

Palabras sueltas
De volada en el camión

Me baje casi volando del camion,que en ningun momento se detuvo,la rutina de siempre,solo que hoy era sábado y dia de pago,con lana en la bolsa y listo para Llevar a mi flaca a comer algo,y despues a pasar el resto de la tarde con la banda,de camino a la casa,pase por el billar y me asome por las ventanas para ver si había caras conocidas pero nadie de los muchachos estaba,ahí había llegado casi media hora más temprano de lo usual.

Teniamos que juntar al final del dia.

Al dar la vuelta a la esquina automaticamente me dirige hacia la tienda de Lolita,que era el punto de reunion de todos.

Conforme me acercaba a la tienda vi el taxi de Enrique y alcance a oír la música que venía de su radio eran los Dandys a todo volumen

Oh oh alguien está dolido pensé y ahora que le pasaría al cuñado aquí todos éramos cuñados

Entre a la tienda y lolita me apuntó con la visita hacia donde estaba Enrique que ya pagaba por un cartón de cervezas

"- y ora que onda cuñado!!!!-"

Vi que estaba un poquito "al punto"

Este tiene broncas con la novia pensé,para que estamos los amigos sino para apoyarnos

"- que onda mi quique ???-" me dio el cartón de cerveza y me apunto hacia el coche

"- así no vas a manejar carnal !! -"

"- no,no vente .....-" y nos fuimos a sentar a su taxi

"- Lolita !! Prepárame 2 tortas de jamón con todo si?? -" antes de tomar hay que comer porque al rato llega el resto de la banda y esto se va a poner bueno.

Todavía no llego a mi casa y ya empiezo la pachanga del fin de semana sabía que no tardarían mucho en correrse la voz y al rato toda la banda se iba a juntar para ayudar a consolar al Quique en estos momentos tan críticos y la única forma era llorar con el - llórale llórale y llórale -

Palabras sueltas
La psicóloga

Un amigo mío nos pidió si los acompañábamos a él y a su novia a una cena para que nos la presentará y como negarnos el eterno solterón por fin había encontrado pareja

Después de que ordenamos la cena la platica se centró en su profesión a la cual ella se dedicaba pero nos dijo que por un tiempo toco el chelo en la sinfónica de su colegio y luego toco por un tiempo en la sinfónica de Chicago.

"-y,,,,como fue que conoció a mi amigo ? -" le pregunte intrigado pues después de tocar música clásica se encuentra con un rockero de esos intensos que a la hora que se prenden las luces se olvida de todo,música música música es el lenguaje para ellos en ese momento.

"- lo vi en un concierto aquí en Chicago -" me contesto y vi una sonrisa en sus labios.

mi amigo es guitarrista en un grupo reconocido en esta ciudad y fue en uno de esos conciertos donde lo vio tocar, gracia a sus contactos a ella le dieron backstage pases

Con la mejor vista en todo el concierto, justo detrás de ellos.

Le pregunté a la doctora que estaba frente a mí si por el echo de que ella con un Ph.D. en sicólogia analizaba a todas las personas con quien tenía contacto? sin dudar un momento me contesto que no, que no que no era ético.

Pero pensé que si yo tuviera ese conocimiento siempre saldría a flote en cualquier momento en cualquier situación.

No le creí pues si ella tenia esa capacidad ese conocimiento sería imposible reprimirla porque somos curiosos por naturaleza.

Palabras sueltas

El oso

Le hable al primo,cuando me dijo mi progenitora,que estaba regalando un perro. "- no sabe de que raza es?? -" le pregunte a mi madre

-" ay hijo,no se,,,solo sé que lo está regalando tiene 2 una hembra y un macho,,,quieres el teléfono?? Háblale,,,"-

Mi prima fue la que me contesto la llamada,me dijo que no sabía de que raza eran pero que "- están bien bonitos es que no admiten más de una mascota aquí donde vivimos-"

"- llévate uno,tú lo vas a cuidar bien,ándale,,,-" "- bueno hay voy para allá,sale??-"

"- está bien,aquí te esperamos-"

Mi madre,como en otras ocaciones,cuando hay animales de por medio quiere estar al tanto,en eso y en otras cosas,como se le parece a mi abuelo Tomás.

Y con gusto lo heredamos nosotros,,,

Cuando llegamos ya estaba mi primo,me dijo

"- son cruza de pit bull y beagle -"

El cuerpo del pit bull y el cuello y cabeza del beagle,no se veía nada mal. "- cual me das ??? -"

"- el que quieras,,,los dos si quieres-" me dijo y soltamos la risa,llame a mi madre para que me diera su opinión.

"- entonces??? Cuál Ma,,???-

"- este el que parece oso -" me dijo,lo cargó como si fuera un bebé mientras que el Oso le lamía la cara así se le quedó -el oso-

Después nos fuimos a ver al primo Sergio porque tenía un chihuahua en venta cuando llegamos se puso sus moños al decirme que esos perros costaban una lana"- como cuanto quieres por el perro-"

"- por ser para ti 500$ -"

"- y si no fuera para mi ? -" "- lo mismo 500$ -"

Le dije que gracias pero que estaba muy caro -ay será para la otra- le dije nos despedimos y nos acompaño al coche para despedirse de mi mamá mientras abría la puerta a mi madre para que se sentara el primo vio una pintura que yo acababa de terminar en la parte de atrás del coche.

"- oye está bonito el cuadro, de quién es -" "- es mío,,,???-"

"- lo vendes ???-" me dijo interesado

"- claro,,,-"

"- cuánto??? -"

"- por ser para ti,,,500$ -"

"- ahhhh está muy caro,!!!-"

"- órale pues ay será para la otra-" le dije

" - sabes que??? Espérame aquí-"

Se regreso a su casa y a lis pocos segundos ya estaba de regreso con el cachorro de chihuahua en sus brazos

"- órale ahí está el perro por el cuadro-" "- trató echó ?? -" me dijo

"- órele,,,,trato echo-"

Como se va a llamar el perro mamá??? Le dije

"- el frijol-"

Y asf es como se llama

Palabras sueltas
El entrenamiento cotidiano

El joven voluntario espera su turno de conversar,lo llamo desde la ventana,entra cierra la puerta y se acerca a mi con su tableta en mano.

En un momento la enciende se acerca con ella alcanzó a veo en tercera dimensión y a colores el dibujo de un componente experimental que ese equipo está tratando de programar

"- que se te ofrece?-"

-" mire uste,ve aquí -" me muestra el componente, toca la pantalla con ambos dedos y al abrirlos extiende la magnitud, con los dedos y de la misma forma voltea el objeto de un lado para el lado y para otro,con el mismo dedo apunta hacia un lugar que les llama su atención donde tienen el problema que no encuentran cómo resolver,por eso es que me visitan por eso está aquí.

De broma un compañero puso un letrero a la entrada de el laboratorio que decía

- NOS ESPECIALIZAMOS EN LO IMPOSIBLE - -LOS MILAGROS NOS TOMAN UN POQUITO MÁS TIEMPO

en el simulacro que me mostró claramente indicaba que había una obstrucción al final de la parte causada por la emergencia de dos cavidades que impedían el flujo normal del combustible y no como en esta muestra que distorsiona el fluido del combustible al final exactamente donde emergen las cavidades "- aquí está el problema,,,ve usted,,-" me indica

Rápidamente reviso todos los parámetros y todos están en orden y claramente definidos,el joven no me quita la vista de encima esperando una respuesta al -ya-

"- quiero ver el componente y revisarlo físicamente -" le digo y el sin más ni más lo saca de la de su bata y me lo da,este ya sabe la rutina a la perfección.

"- me puede llamar cuando tenga una respuesta ??,,,-" este joven sí que se sabe el protocolo a la perfección - paciencia-

"- claro,,claro,,-" le contesto el da las gracias y sale por donde entro

"- Dannyyyyyyy. Y Daniel el encargado de resolver lo imposible toma la pieza y en segundos me dice,,,"- hay obstrucción en el fluido de combustible,,,o no?? -"

"-,,,,,Y ??? -" le preguntó

Revisa las dimensiones y contesta "- está fácil,,,mira,,,-" saca su teléfono y en el busca una aplicación donde salen múltiples herramienta que el virtualmente toma y los aplica utilizando las coordenadas ya establecidas a colores y en alta definición veo como una de ellas después de introducir unos comandos hace que el fluido del combustible se estabilice normalmente.

"- eres mago,,-" le digo para levantarle el ego todavía más

"- gracias,,,es mi trabajo,,,-" me lo dice para levantar el mío,el también sabe el protocolo a la perfección.

"- dígales que es causado por la barrena y que con esta herramienta y estas coordenadas podrán limpiar esa la obstrucción -"

Este es mi equipo

Yo,,,,soy el encargado de la Milagros

Lecumberri
Historia corta

Cuando bajamos del autobús y nos fuimos acercando a la entrada vi que la fila era tan larga que le daba vuelta a todo el edificio.

Nos acercamos a la puerta de entrada mientras toda la gente esperaba su turno vi que muchas mujeres llevan canastas con comida y llevaban también a sus niños la tía Esther habló con uno de los guardias que era el encargado de dejando entrar a la gente.

"- perdón oficial aquí es la entrada para ver a los reos? -"

"- si señora a si es,,,pero tiene que formarse en esta fila,,,vea -" y le señaló asta donde teníamos que formarnos-"

"- es que venimos a ver a Don Gilberto -"

El guardia al escuchar el nombre reaccionó de manera diferente.
"- al señor Vera ?,,,,-"

"- si a ese mismo,,-"

El policía entró a una caseta y llamó por el teléfono que estaba ahí dentro vimos como lo colgó y regreso con la tía.

"- por favor espere un momentito aquí -"

De repente se oyó un silbato dentro de el penal y el guardia esperó a que le abrieran la puerta desde adentro,antes de que pasara otra gente nos dejo entrar a nosotros primero y la gente comenzó a protestar pero entramos antes que nadie y otro guardia dentro nos llamo.

"- por aquí señora,,,Don Gilberto saldrá en un momento -"

Mientras esperábamos que saliera el tío yo me lo imaginaba verlo mal vestido,sucio no se,será porque así se ven los presos en la televisión.

La tía no quería traerme porque decía que sería un mal ejemplo para mi ver a mi tío al que más quería metido ahí,pero según ella el mismo le pido que me trajera todas las demás personas ya tenían sus mesas listas para recibir a su familiar.

"- mire tía,,,,,ahí viene,,-"

La mayoría de los presos vestían uniformes pero el no,el traía su ropa de vestir regular y traía a dos personas a su lado que a su señal se fueron a sentar en otra mesa.

"- hola,,,como an estado,,,gracias por venir -"

Se sentó junto a mi y me dio un abrazo saludo a la tía y ella saco algo que traía en su bolsa y se lo dio al tío,era un cartón de cigarros envueltos en papel periódico yo le di una caja de chocolates Carlos V que tanto le gustaban y la torta que doña Gabinita le hizo y nos pidió que por favor le dijéramos que lo extrañaban por El Barrio y que lo tenían en sus oraciones y esperaban que saliera pronto,el notó mi nerviosismo

"- hay algo que me quiera preguntar,,?-" me dijo

"- si,,,tío,,,,porque está aquí,,? -"

"- mire mijo le pedí a su tía que lo trajera para que viera que este lugar no es bueno para nadie quiero que vea y se lo grabe en la mente porque quiero que estudie y no cometa los mismos errores que yo -" "- lo tratan mal???-"

"- no mucho,pero extraño estar allá afuera con ustedes,mira aquí te puedes acostumbrar a casi todo,a lo que nunca podrás es a perder la libertad,el caminar por la calle el dormir a la hora que quiera y levantarte también cuando tú lo quieras aquí todo está reglamentado te dicen cuando levantarte a que horas comes a qué hora te puedes bañar aquí extrañas lo más simple de la vida -"

Se detuvo como pensando que decir volteó a ver a la tía. "- Gracias por traerlo -" le dijo a la tía

"- y usted pórtese bien que nada le cuesta dentro de poco nos estaremos viendo otra ves pero esta ves allá afuera y les prometo que los voy a llevar a Acapulco para celebrar -"

En ese momento volvió a sonar el silbato.

"- se acabo la visita,,,-" nos dijo y llamó a los que venían con el y se fueron juntos

Al tío le quedaban 4 meses para salir libre tanto tiempo que ocultaron donde estaba y siempre diciendo que andaba en Estados Unidos,,,de brasero.

Reflexiones

Las visitas a mi tierra son cada ves más cortas y más espaciadas entre una y otra pero siempre que llego a donde nací,me quedo con esa sensación de vacío como que algo me hace falta y por más que le busco no se que es,tantas preguntas que se quedaron en el limbo que no tuvieron respuesta.

Es,como explicarlo? es,como una fotografía que se quedó suspendida ahí en el tiempo con todos esos rostros con todos esos sentimientos que cada uno de nosotros llevábamos en ese preciso momento.

Cada ves que regreso a mi tierra todos esos sentimientos se hacen nudo dentro de mi,el recuerdo de todo lo que pudo ser y no fue me agobia,porque siento que hay algo que pude haber echo mejor y no pude.

Dicen que la sangre llama y es verdad,cuando estoy con los míos es siempre una delicia convivir con ellos y pues sé que mis raíces familiares siguen estando ahí fuertes y firmes.

Se que mi rostro ya no es el mismo,se que para ti quede igual en esa fotografía que fue nuestra vida,cuando nos vimos por última ves.

Pero mi cariño y mi lealtad para ti para todos sigue siendo la misma que cuando deje de verlos.

Historia

Lo más interesante de convivir con tanta diversidad,como aquí en este país es el poder conocer de cerca las costumbres y forma de vivir de personas de todos los rincones del mundo,en verdad es un privilegio.

Nunca en mi vida me puede imaginar que conocería a tanta gente e inclusive que conviviera con ellos personas de la India de Rusia Polonia Israel Alemania Suecia Italia del Tíbet Yugoslavia de Filipinas Brazil e inclusive de Australia y Nueva Zelandia y de otros países de Latinoamérica y por supuesto el que aparece por todos lados el Mexicano

Recuerdo la primera ves cuando llegue a vivir a Estados Unidos ya estaba acostumbrado al inglés pero lo hablaba muy poco aparte del -hello y el good morning - no más pero trataba me decía por dentro-si podía cantar canciones en inglés porque no lo podía yo hablar?

La gran mayoría de mexicano tercera generación nacidos en Estados Unidos se les dificulta seguir con el idioma de sus ancestros se me hacía increíble que todos -no espik Spanish - que no hablarán Español,casi todos unos más otros menos,aunque la mayoría entendían bien no lo lo podían hablar o tenían miedo de no pronunciarlo bien,por lo que fuera,pero se me hacía muy extraño de las razones por qué es esto,es porque la gran mayoría perdió todo contacto con la tierra de sus ancestros.

Inclusive eso pasa también con las otras minorías con las otras razas

Palabras sueltas

Canción Para la flaca

De verdad que
no hay maldad
al pedirte que te quedes
Aquí conmigo
Sé que tienes donde ir
pero sé que aquí
serás feliz
lo juro
No te vayas.
Plissss
Quédate otro rato
Esa flaca
porque tan rápido ???
Yo te quiero
No té tienes que irrrrrrr

Esta es tu casa
y puede ser tu hogar
Siempre te he dicho flaca que te quiero

JLedezma

Palabras sueltas

Sus palabras fluía libremente como el agua en el río,todos los ahí reunidos en la mesa súbitamente callaron.

Decía

"- Será posible en el futuro,cuando las máquinas inteligentes sean las unicas que sobrevivan el paso del tiempo,el ser humano podrá crear un clone parte orgánica mismos con nuestra mejor cara,la vos,nuestro color de piel y pelo será posible archivar nuestra vida y cuando el cuerpo orgánico no aguante mas pasar toda esa información nuestra ya archivada a esa máquina inteligente y parte humana sería como renacer,como empezar de nuevo,en otro cuerpo con todos nuestros datos nuestros recuerdos nuestros gustos,seríamos nosotros mismos en otro cuerpo.

mmmmm

¡¡¡ Seríamos inmortales !!! -"

"- mesero,,,,!!!! mesero,,,,tráigase las ostras,,,,,-"

Historia corta
La curiosidad mato al gato

Me acosté en el sofá para tomar una siesta y por casualidad de entre las almohadas sentí un libro me llamo la atención pues tenía su nombre escrito en frente y abajo decía -diario-por curiosidad lo comencé a leer lo que ahí estaba escrito era lo que ella,mi pareja escribía,al principio lo cerré y lo puse donde lo había encontrado pero la curiosidad fue más fuerte que yo y comencé a leerlo. En cada página describía cosas que yo no sabia de ella,varias veces vi mi nombre y describía al principio su relación conmigo pero después comenzó a describir cosas diferentes,encuentros con personas desconocidas sus comentario habían cambiado y también su forma de pensar y no concordaba con lo que yo pensaba de ella.

En sus letras era una persona diferente a la que yo conocía

Llegue a un momento donde en una de sus páginas escribió que -por fin habia encontrado el amor que siempre habia esperado-

Me quede pensando si era yo,pero después sus mismas letras demostraron que no era así no supe que decir.

Cuando ella entro a la sala me vio con su diario en las manos corrió hacia mí y molesta me lo arrebató y con justicia me reclamo.

"- lo leíste ?? -"

le contesté que si

"- pero,,,porque,,,?? -" "- no lo se,,,,-" le dije

"- Como puede ser posible que me hagas esto" Era la primera ves que la veía así de enojada

"-satisfecho??? -"

"- entonces encontraste por fin,el amor que buscabas?-" le dije

no hubo respuesta,salió de la casa y ya no regresó dejó todas sus cosas ropa zapatos todo y un gran vacío.

"como puede ser posible que me hagas esto"

Esa frase se me quedó grabada.

Dicen que caras vemos corazones no sabemos no hice intento alguno de hablarle deje que las cosas cayeran por su propio peso fue preferible a seguir viviendo un engaño.

Poema

NO ME GUSTA DECIR ADIÓS
ODIO ESTRECHAR LA MANO
EN DESPEDIDA
SI ME DAS UN ABRAZO Y ME DICES
-NOS VEMOS-
SIENTO QUE YA NO TE VOY A VOLVER A VER,
MEJOR NO ME DIGAS NADA
MEJOR QUIÉREME ASÍ
DIA CON DÍA
COMO AL PRINCIPIO

Palabras sueltas
Por el Cobi19

Hoy tuve que acudir a aun hospital,nada que ver con lo que está sucediendo,me llamó mucho la atención ver el estacionamiento que usualmente está casi lleno hoy estaba vacío solo unos pocos autos todos al final del inmenso lugar,seguro enfermeras o doctores.

Tomando las precauciones necesarias (no me quite los guantes pues hacia frío afuera y pues,para que quitárselos) al entrar vi la valla de defensa y marcado en el piso decía la distancia de separación entre las personas una joven enfermera se me acercó y me tomó la temperatura con un aparato que parecía una pistolita y me dijo

-" dolor de cabeza ? "- "- no -"

-" tos,,,"- "- no,,-"

-" siente presión en el pecho "- "-,,,,no,,,? -"

-" muy bien pase,,a donde va? "-

"- Al laboratorio -" me dio un gáfete con la fecha y la hora de entrada

Yo ya sabía el camino pero debido al estricto protocolo cerraron todas las puertas laterales y solo permitían salir por ellas,había solo la entrada principal y tuve que caminar un buen tramo hacía el laboratorio mientras caminaba me comenzó a dolor el pecho,me detuve y pensé "- y ahora ?? -"

De repente se me quito el dolor y seguí caminando no había caminado mucho y otra ves el dolor en el pecho,me volví a detener "que raro no me había dolido el pecho sino asta que entre aquí" y otra ves se me quito el dolor.

Durante la espera el dolor iba y venía por fin me llamaron y la enfermera tuvo la suerte de encontrarme la vena y todo fue rápido al salir del hospital la presión en el pecho desapareció.

"- y luego,,,,? -"

La mente puede ser tu mejor amiga o tu peor enemigo

De perros
Otro día en la vida

No sé porqué pero cada ves que los perros me ven cortándome las uñas se esfuman puff como houdini mmmm al principio pensé que era una simple casualidad pero no,le tienen pavor al cortaúñas .

Creo que por lo que ahora sé que a tu mascota le puedes hacer de todo,bañarlo con la manguera,tuzarlos con las tijeras pero no le agarres las patas pa cortarle las uñas porque te deja de querer.

Por no decir que en esos momentos te odia te desconoce no sabe porque lo quieres mutilar piensa que le vas a cortar las patas y se van sobre de ti como si estuvieran poseídos y te ladran te gruñen y babean,todo el rollo.

Así es que desde ahora en adelante cada ves que empiecen a ladrar. Les voy a sacar el cortaúñas y se acabó el pedo.

Historia

EL OSO

Le hable al primo,cuando me dijo mi progenitora,que estaba regalando un perro. "- no sabe de que raza es?? -" le pregunte a mi madre

-" ay hijo,no se,,,solo sé que lo está regalando tiene 2 una hembra y un macho,,,quieres el teléfono?? Háblale,,,"-

Mi prima fue la que me contesto la llamada,me dijo que no sabía de que raza eran pero que "- están bien bonitos es que no admiten más de una mascota aquí donde vivimos-"

"- llévate uno,tú lo vas a cuidar bien,ándale,,,-" "- bueno hay voy para allá,sale??-"

"- está bien,aquí te esperamos-"

Mi madre,como en otras ocaciones,cuando hay animales de por medio quiere estar al tanto,en eso y en otras cosas,como se le parece a mi abuelo Tomás.

Y con gusto lo heredamos nosotros,,,

Cuando llegamos ya estaba mi primo,me dijo

"- son cruza de pit bull y beagle -"

El cuerpo del pit bull y el cuello y cabeza del beagle,no se veía nada mal. "- cual me das ??? -"

"- el que quieras,,,los dos si quieres-" me dijo y soltamos la risa,llame a mi madre para que me diera su opinión.

"- entonces??? Cuál Ma,,???-" "- madre ??? -"

"- se quedó dormida primo -"

Le soltamos a los perros que de inmediato se fueron sobre de ella para jugar uno de ellos se quedó viéndola y ese fue el ella que agarró.

"- este !!! -"

Palabras

Valió madre !!!!

Un día nos sorprendió a todos Ramon "el Moncho".

El que fuera chofer de camión de la línea Sonora-Peñón pues un día apareció vestido de policía con todo y pistola.

todos los muchachos de la cuadra no lo podíamos creer.

Con una sonrisa de lado a lado se palpaba el arma que tenía sobre la cintura abajo de el ombligo al estilo Cantinflas como diciendo -ahora sí gueyes-

Todos soltamos la risa pero también otros como yo pensó que a quien chingaos se le ocurrió darle una arma a este cabron.

El Moncho siempre manejo un camión y ahora de repente trae placa y con pistola para acabarla de fregar con la mecha tan corta que tiene este cabron.

"- el problema es -" nos dijo

"- es que no tiene balas,,,las tengo que comprar yo,,-" "- entonces? No está cargada? -"

"- no,,,es para apantallar -"

"- y que tal si te sale uno que si la traiga cargada,,??? -" "- ahhh entonces a correr,,,,,,,-"

Palabras

El tapete nuevo

Comenzó a llover desde muy temprano en la mañana,los botes de basura estaban empapados ya y de el camión ni sus luces mientras seguían sacando más y más basura tuve que dar varias vueltas a tirar una u otra cosa,cada ves que regresaba de el bote ya me esperaba otra bolsita y ahí voy de regreso al bote a tirarla desde lejos creo escuchar el motor del camión de basura.

Y si dos casas antes de la mía veo que da la vuelta y cuando me ve el chofer me hago a un lado espero para cuando deposite el bote en el piso lo pueda yo meter rápidamente a casa.

El camión se para frente al bote saca unas tenazas las abre y aprieta el bote lo eleva hacia la parte de atrás,la inercia hace que se habrá la tapa del bote y el contenido cae dentro camión uno compartimento es para la basura y el otro es para reciclo las mismas tenazas depositan el bote de donde lo tomaron y se mueven al siguiente llega y se para junto al mío y en eso sale mi esposa con otra bolsa el chofer se frena y espera asta que ella la avienta dentro del camión.

Los dos si paraguas vamos caminando en la lluvia veo que abre la puerta y brinca hacia adentro de la casa y me doy cuenta porque de el brinco compro y puso un nuevo tapete a la entrada de la casa que dice BIENVENIDO y abajo dice LIMPIE AQUI yo me paro encima y me limpio los zapatos al entrar y ella me dice

"- no vistes el tapete ??? -"

"- si,,,,,te quita la tierra muy bien -" "- lo pisaste ??-"

"-pues,,,,si,,,-"

"- pero si esta nuevo,,,!!! -" " - ????? -"

Palabras

La Bomba así se llamaba la tienda,estaba en la esquina de la calle de Rosario en la merced balbuena.

Con cinco centavos en la mano que el abuelo nos había dado salíamos corríamos en puro calzón hacia la tienda el dueño sabía a que veníamos en un pedazo de papel nos embarraba la cajeta la cual salíamos lamiendo.

El abuelo,sentado frente a su taller solo sonreía al vernos llegar todos encajetados de la cara con ese sabroso mole de dulce su futuro jugaba frente a él.

El recuerdo

El amor son acciones y no buenas razones

Nueva vida
El arribo a Chicago

Llegue en Abril de 1967 a la ciudad de Chicago desde el cielo ve veía espectacular, impresionante nunca había visto nada igual,el avión giro hacia la izquierda para alinearse con las pistas de aterrizaje,abajo lo azul de este inmenso lago que más bien parecía un mar dio paso a las playas y a los rascacielos junto a ellas,por unos instantes pudimos ver ese espectáculo, en ese punto el avión comienza a descender en cuanto pasa el centro de la ciudad.

Esto me impresionó como cuando de niño vi el mar por primera ves desde lo más alto de Acapulco Ese amanecer llegando a al puerto fue como esta llegada a Chicago aquí comenzó la aventura de mi vida,atrás deje mi tierra a mi familia a mi madre a mis amigos de toda la vida y a un amor

Nadie llegó a recibirme al aeropuerto como habíamos planeado y yo sin hablar nada de ingles,,,,ah,,,, no me pregunten cómo cantaba yo esas canciones en ingles con la banda.

Mi amigo Isaías me presto su traje,un saco gris con pantalón negro y una corbata del mismo color y caray que diferencia,tal ves el habito no haga al monje pero si que lo hace verse diferente.

O sea,daba yo el gatazo.

Me formé para mostrar mis papeles,cuando llegue ante el agente de migracion me dijo,"- do you speak

English !! "-

"- Perdon,,,-" le conteste

"- si usted hablar english,!!!-"

-" No,,,no hablo,,,-"

"- y a que se deber su visita ? -"

"- vine a conocer la ciudad -" le dije mirándolo a la cara,ni qué decir ya venía yo preparado. Me miró,vio la foto en el pasaporte,lo estampo y me dijo

"- Ok tener usted 15 days,,,welcome to Chicago -" me regreso el pasaporte. Y dijo "- next,,,!!! -"

El permiso de quince días se convirtió en toda una vida.

Palabras sueltas
El tío poncho

El tío Francisco traía la tinta en las venas toda su familia habían sido impresores de oficio su imprenta fue fundada por su abuelo don Max.

Asi como la carpintería de mi abuelo el tío Poncho y yo prácticamente nacimos en el taller él en la imprenta y yo en al carpintería ahí crecimos y desde muy jóvenes nos dimos cuenta que nos era fácil manejar ese oficio.

El aprendió la carpintería y yo la imprenta casi al mismo tiempo y con los mejores maestros carpinteros e impresores que pudieras soñar,mi tío Maximiliano y mi abuelo Tomas entre ellos dos tenían una larga vida de experiencia.

Su taller estaba a media calle de la carpintería y nos encontrábamos muchas veces ayudando en los dos talleres aprendí a cómo operar la impresora y comencé haciendo tarjetas de presentación tendría como 10 años de edad cuando,trepado en un banco Apenas si podía alcanzar la palanca y hacer que la prensa se moviera y después era solo cuestión de agarrarle el ritmo a la máquina poner y quitar una tarjeta en blanco y quitar la imprimida y repetirlo una y otra ves como bailando a si fue que aprendí ese oficio.

Cartas mayo de 1970
Chicago Illinois

Hola espero que al recibir la presente te encuentres bien de salud junto a tus seres queridos que en cuanto a mí ahi la llevó a Dios gracias.

Con la novedad que ya comienzo a trabajar el próximo lunes solo que será en el primer turno pensaba trabajaría con los demás muchachos pero solo hay un lugar abierto y es en otro departamento con puro gringo y pues ni modo hay que entrarle porque ya voy para un mes sin hacer nada de puro golfo y luego con el calor que hay por acá lo bueno es que vivimos como a cuatro cuadras de el lago y cuando se levantan los muchachos nos salimos a tirar al agua porque el departamento se mpone bien caliente y no alcanzan los abanicos.

El agua en el lago esta súper fría afuera bien caliente y si te echas un clavado sientes el agua como hielo y hay tanta húmeda que asta parece Acapulco así se siente de caliente.

Bueno mucho de mí y tú como as estado ? espero que bien te

mentiría si te dijera que ya me acostumbre a la vida de acá pero ya me di cuenta que es verdad el dicho ese de que dice - nadie sabe lo que tiene asta que no lo pierde - y pues yo me siento así pero sigo con el plan pues sé que que va a valer la pena y tú qué piensas? cuando puedas escríbeme quiero conocer tu letra.

salúdame a todos por allá y cuídate mucho estaré esperando tu carta y me cuentes cómo va todo por allá y de ti - te mando un montón de besos -

PD dentro de poco te mando unas fotos espero y te lleguen

Palabras sueltas
Un pensamiento

No sé cómo te pude dejarte ahí,sola,sin protección,,,
    será porque ninguno de los dos se imaginó que ese adiós
    Sería una despedida esa despedida sería la última ves
    que nos volveríamos a ver después perdí todo rastro de ti
    no supe más quién era yo
    Me paso como cuando una ola te arrastra te envuelve y sientes que
te ahoga pierdes el sentido,no sabes dónde estás,cuando la ola te suelta es
como si renacieras
    vuelves a respirar,pera ya nada es igual.
    todo todo lo que dejaste atrás no existe ya
    solo quedan esos rostros que ya no son los mismos
    Pero mírame hoy dentro de mi quedo un gran vacío
    Un gran vacío no puedo llenar
    ya no volvió a ser nada igual
    tu rostro con el tiempo a cambiado tantas veces

pero dentro de mi quedo esa fotografía que me diste de
que por mucho tiempo me siguió
asta que un día como yo se perdió
nada quedo de mí,,,que me recordara de ti
El que te amo ya no soy yo
No sé cómo pude dejarte ir

Historia corta
Matrimonio arreglado

La conversación comenzó con la ayuda de un alcohol,en este caso, whiskey,a una botella de cordón negro,no se le dice que no.

Esta era la tercera ves que nos juntábamos como un grupo que no tenía otra cosa que hacer para destrenzarse que juntarnos despúes del trabajo.

Como todo,llego un momento donde cualquier tema era bienvenido,a mí en lo personal me llamaba mucho la atención de saber si era verdad que entre los indues existían los matrimonios arreglados.

Nosotros como americanos que somos,en este caso mexicano no se puede comprender como es que en ese país,la India,acostumbran el "arreglar"un matrimonio?.

Le pregunté a mi compañero de trabajo que es de ese país que como era que se arreglaban los matrimonios?.

"- oye Utuph -asi se llamaba- como fue que conociste a tu esposa?-"
"- un tío mío se encargó de conseguirme a mi esposa-"

"- y cuanto duró tu noviazgo antes de casarte?-" "- noviazgo??? Que es eso -"

"- pues el tiempo que te toma conocerla y,,,-" "- la conocí en foto -" me dijo

"- en foto ? entonces cuando se conocieron físicamente,como la cortejabas,,,- "- que chingaos es cortejar,,???-" me lo dijo en perfecto español.

"- como ?? No sabes lo que es cortejar a una mujer-"

"- que como como fue que se conocieron,,,,-" le preguntó Agustino,al cual el indu le tenía mucha confianza,un italiano y un un indu casi,casi compadres,porque así lo llamaba UTHUP

"- pues vi la foto que me mostró mi tío y me dijo,"ese es tu match" ellos saben cuál es la persona te conviene y que tengan los gustos parecidos a los tuyos,pues el ya revisó todo lo referente a ella y ella todo de mí y eso es todo-"

"- y cuando comenzó el romance-" le dije yo

"- y que chingaos es eso,qué significa ?? Romance ??? -" "- cuando la volviste a ver,,??-"

"- cuando nos casamos,ahí mismo en la corte,al acabar de firmar el acta-"

"- así ya,rápido??? Ni beso ni nada,,,tu esposa y,,,listo-" "- si así mismo es,no hay ningún problema-"

me quedé pensando, es tu mujer y órale no se aceptan devoluciones,esta cañón. "- y tú cómo conociste a tu esposa???-" me pregunto

"- no,pues mucho más diferente que ustedes porque aquí primero le pides que sea tu novia y después de un tiempo si ves que son compatibles pues le pides su mano en matrimonio y luego arreglamos la boda y listo-"

"- y entonces porque se divorcian ??? -" preguntó

"- a poco con ustedes no hay divorcios??? -"

"- no,,,,,para que te casas si te vas a divorciar,después no entiendo-" No con ente compa hay parrato,,,,,salud

Historia corta
Sugar Daddy

La bella chica se pone hermosa

sonríe, a crecido,,,,, y comprobado que el sonreír funciona,que su sonrisa y belleza le abrirá las puertas,,,

sabe,,,y a comprobado que la vida no será nada fácil para una joven así,,,,,como ella,,,

el hombre rico a su lado

le a quitado ese problema,,,, sabe el precio,,,,y lo acepta,,,,,

siente las manos frías de un extraño que la tocan,,,,,y sonríe,,,,nunca falla

"- mira que hermosa te ves !! -" le da un beso en la mejilla

Ella con las llaves en la mano

toma su abrigo y le devuelve el beso,,,,

"- regreso pronto,,,,,no me tardo voy con una

amiga que está en problemas y me necesita no tardo,,-". Al salir detrás de la puerta suelta un suspiro,el peso que sentía sobre sus hombros se esfuma.

Al otro lado de la calle un joven la espera

la quiere para el,,,,,ella cruza la calle y lo abraza,,,

"- no puedo,,,-" le dice y sonríe "- tendré que regresar,,,-" "- pero,,,tengo unos minutos para ti -"

desde lo alto tras la cortina el hombre los observa y sonríe es la misma escena que a visto otras veces,,,, "-

Jledezma 2018

Historia corta
De perros

Vi como se desarrollaba la historia de este drama fue algo increíble,dude que viviera desde el momento que supe lo que había pasado con el,me llamaron desde casa para decírmelo,eran las 9:30 de la noche cuando recibí la llamada.

"- fíjate que no encuentro al frijol,,,-" Me dijo angustiada mi esposa.

"- como que no lo encuentras,??? -"

"- ya lo busque por toda la casa y no lo veo por ningún lado,,,-"

Hice memoria trate de recordarme donde estaba el antes de salir yo de la casa

"- pues si lo sacamos a caminar antes de venirme al trabajo como siempre,,,-"

"- es que yo lo volví a sacar a la calle hace como dos horas,,,a lo mejor,,,,???,,,pero si yo,,,,yo lo metí a la casa aquí está la cadena,,, no sé qué pasó,,,,a lo mejor no lo metí a la casa,,;,, pero,,,aquí está la cadena a dentro,,,-"

Yo sí me di cuenta de que fue lo que pasó,a él se le soltaba la cadena a unos pasos de la puerta y lo dejábamos que el mismo brincara hacia dentro,era la rutina pero esta ves algo pasó porque entro la cadena pero sin perro.

Algo lo distrajo y no entro se quedó afuera lo dejo afuera pensando que el perro ya estaba adentro cerró la puerta tras de sí sin darse cuenta que el perro aún estaba afuera y este,al verse libre sin restricción alguna,sin correa que lo atara se fue a seguir sus pasos llego asta donde hubo dejado su olor,su olfato tomó otro rastro que lo obligó a seguir caminado cuando cruzó la calle era muy tarde para regresar a su casa,se había perdido,él simplemente no lo sabía, por naturaleza está raza de perros no tiene buena visión más bien su fuerte es el oído no tanto el olfato son de esos llamados perros falderos,son como de adorno por su diminuto tamaño había gatos más grande que él y siguió caminando.

No lo sabia pero su suerte estaba echada cuando ya no reconoció su alrededor comenzó a caminar sin rumbo y con miedo a todo y a todos estaba oscuro era de noche ya solo su instinto y el miedo lo hacían caminar.

Un solo paso mío eran tres para el,apesadumbrado salí del trabajo pensando a quien pudo recurrir? Es tan solo un perro como miles la diferencia era que este era MI perro

Pedí medio día de vacaciones para regresar a casa y ver que se podía hacer pero dudaba que lo pudiera encontrar ya tan de noche y con tanto tráfico a esta hora donde se podría ir?

El solo conocía los lugares al rededor de su casa él conocía asta donde la correa lo dejaba, cuando llegue me dijo que sí,que pensó que el perro se iba a brincar hacia adentro de la casa ella que ya había metido la cadena si mirar hacia atrás cerró la puerta tras de sí dejándolo afuera,a las 10 de la noche le llame a la policia para reportar a un perro perdido para mi sorpresa me pidieron la descripción de la mascota.

"-es un chihuahua de color cafe -" nunca espere que lo encontraran pero a las 12 de la noche recibi una llamada de la policia.

"- puede usted venir creo que encontraron a su mascota escondido bajo un coche -"

Me dijeron donde estaba y cuando llegue la policia lo alumbraba con su reflector me acerque a el y lo llame por su nombre,me vio le abri mi chamarra y brinco adentro los policias no podian creer que este animal pudiera caminar asta este lugar.

"- vaya que tiene suerte su mascota para un ser humano serian como caminar 30 kilometros y sobrevivir

Palabras sueltas

Ensayo

Ya baja las armas
Y ríndete a mi
Tanto tiempo tengo ya
esperando tu respuesta
Aunque ya me distes el,,,,si
Aún no acabas de cumplir
Lo que me habías prometido
Y es por eso que aquí me tienes
como un guey
esperándote en las esquina
Ya asta mis amigos
me an cambiado el mote
Ahora me dicen
El maceta
porque siempre ven
Que me dejas plantado
Ya baja las armas
Y ríndete a mi
No seas camiona
-Ensayando-

palabras sueltas

Canción

Por favor mi vida,,,,, perdón

Cuando dijiste,,,,no te quiero ver mas

Me di cuenta

Créeme que no vuelve a pasar,,,perdón

Cuando me dijiste,,,no te necesito más

Me dieron ganas asta de llora,,,no te quise

Lastimar

Te juro que no,no,no vuelve a pasar

No tengo argumentos ya.

Ya lo se,,,eso lo dije antes ya

Pero hoy,,,,solo por hoy

te pido que tengas fe,,,,,,solo una ves más

Poema

Lo veo y no lo creo
cuando me da su mano
sus dedos tan pequeños
me toman con firmeza
me mira a los ojos y sonríe
ella es la promesa de un mejor mañana
su corazón late al mismo ritmo que el mío
no lo puedo creer
es como verse en el espejo
Ella llegó
Ella está aquí
Se me cae el corazón tan solo de pensar
Que un sueño se a echo realidad

Los perros

Contaminado.

La afinidad que tengo con mis perros,con todos los que he compartido esta vida todos los que an pasado viene desde el día que uno de ellos me mordió,tendría yo como tres años de edad cuando esto sucedió,para muchos niños de esa edad esto puede ser traumático especialmente si el ataque es de frente y en la cara como a mí me pasó.

La cicatriz siempre a había estado ahí desde que recuerdo,más bien eran dos cicatrices una en la mejilla y la otra bajo la quijada,mi madre me dijo un día cuando le pregunté porque tenía yo esa la cicatriz ahí.

- me tocó la cicatriz -

"- ohhhh,,,,si,,,,,te mordió un perro,,,-"

despúes de tanto tiempo yo la verdad no sabía ni porque la tenía asta que ese día se me ocurrió preguntarle.

"- oiga madre,,como cuantos años tendría yo cuando esto me pasó ???"

"- ayyyyy hijo si te contara,,,eras bien latoso,,,no estabas en paz y cómo empezaste a caminar muy temprano,,,,tendrías como nueve meses,,,si no hubiera sido por mis hermanas más pequeñas que me ayudaron a cuidarte creo que te hubiera regalado con la dueña de la dulcería donde trabajaba esto te pasó porque estabas jugando con el perro y te mordió porque le quitaste el plato de comida tendrías como 3 años creo y mientras yo trabajaba tú andabas por todo el taller y jugando con el Juguete que así se llamaba el perro pero no era bravo y además parecía que te quería,pues por mucho tiempo tu jugaste con el y nunca te hizo nada ese día pero ese el estaba comiendo tú estabas tratando de jugar con su comida y mira,,!! Ya meró me muero del susto porque te hizo un hoyo !! en el cachete !! Y tenias el cuellito lleno de sangre y todavía te vi como te metías el dedo en la herida la muchacha que te trajo conmigo venia pálida diciéndome que viera lo que el Juguete te había echo trabajaban para que viera lo que te había pasado,,,ayyy dios,,,pero no llorabas sólo apuntabas al perro-"

Me tuvo que llevar a la clínica de la cruz roja y ahí me curaron pero como supe después tuvieron que mentir en cuanto al perro porque se lo querían llevar para sacrificarlo pero mi madre les dijo que el perro no tenía la culpa que no estaba enfermo.

Bajo su palabra,se la perdonaron al perro. II

La segunda ocasión fue cuando ya era yo un adolescente.

Ese día el vecino que intentaba echarse en reversa no se fijó que un perro estaba echado abajo de su coche precisamente atrás de la rueda yo tratando de que despertara,lo moví con el pie y el reaccionó mordiéndome tal vez creyó que lo iba yo a patear.

La mordida fue grande asta blanco se me veía y sangraba y todo por salvarle la vida al mejor amigo del hombre.

III

La tercera ves fue cuando me di cuenta que mi vida por siempre iba a estar ligada a ellos.

Sucedió que un día,mientras mi novia y yo caminábamos rumbo a su casa después de los ensayos de los quince años de Marta nos encontramos con unos muchachos que estaban tomando afuera de una casa donde había una fiesta pero no eran de la colonia en cuanto nos vieron me di cuenta del movimiento que hicieron y pensé que esto no iba a salir bien ella también intuyo lo mismo que y se movió detrás de mí para protegerse porque ellos nos hicieron bajar a la calle y comenzaron a lanzarle piropos cuando les brinque luego luego se fueron sobre de mi "- a ti no te estamos hablando,,,,le estamos hablando a ella -" me dijo uno de ellos que ya traía unos alcoholes encima.

Me defendí como pude ella me ayudó poniendo casi enfrente de los que estaban sobre de mi y pensar que a tres cuadras de aquí cruzando la avenida estaba mi casa y mi banda,corriendo nos metimos a donde ella vivía desde ahí los podíamos ver,notamos que a todos los que pasaban por ahí les hacían lo mismo,ella me pidió que me quedara asta que ellos se metieran pero le dije que no,que esto no se podía quedar así,llamó a su hermana para convencerme pero en cuanto se descuidó salí de su casa.

No había de otra tenía que pasar frente a ellos cuando vi que no habían muchos frente a la puerta pase rápido y aunque varios de ellos me vieron esta ves no se fueron sobre de mi y ese fue su error porque en cuanto llegue a mi cuadra muchos de los muchacho aun estaban ahí platicando como siempre después de los ensayos y cuando les dije lo que nos había pasado luego luego se armo el ejército y nos fuimos tras de ellos.

Al dar la vuelta en la esquina yo brinque sobre una cuerda que estaba atada a un poste no me fijé que era un perro el que estaba amarrado que al sentir que la cuerda se movió salió de algún lugar y me mordió la pantorrilla por detrás ni cuenta me di de donde salió el animal pero la mordida me rompió el pantalón y me rasgaron la piel sus colmillos con la confusión de ir tras esos compas no puse mucha atención cuando llegamos aún estaban varios de los que me habían peleado y al ver el montón de banda que venía conmigo se metieron de pura volada pero esto no se iba a acabar llegamos y tratamos de abrir la puerta porque desde ahí los podíamos ver,me pare enfrente y le dije que "- uno por uno -"

creo que se espantaron tanto que asta se acabo la fiesta al rato salió un señor a preguntar qué que pasaba.

"- uno de esos invitados atacó a mi amigo y a su novia cuando pasaban por aquí son ese de la camisa azul y ese otro,,,-"

El hombre volteo los vio y solo movió la cabeza.

"- les pido una disculpa por favor por ellos,,,no son de aquí;,,como pueden ver,,-"

"- mire yo le prometo que nadie se va a meter,pero ese compa tiene que arreglarse con mi amigo,por lo que le hizo a el y a su novia,,,-" el Tota cuando quería,,, sabía hablar.

Por fin todos llegamos a un acuerdo cuando el señor dando muestra de buena voluntad y para calmar los ánimos, nos regaló 4 cartones de cervezas y todos felices y con el botín en las manos emprendimos el regreso triunfante a tres cuadras de ahí.

Ah,pero cuando pasamos por donde me mordió el perro vimos que lo tenían ya agarrado con otra cuerda y le salía espuma por la boca.

"- que tiene el perro ??? -"

Asta me dio miedo hacer esa pregunta

"- le dio la rabia,,,,,,-" dijeron los que estaban ahí

"- RABIA,,,,-"

"- me lleva,,,,la,,,,china,,,,-"

Al siguiente día no me quedo más remedio que acudir a la clínica después de que le explique a la doctora lo que pasó, revisaron y si ese perro estaba contagiado alguien lo había reportado ya me mandaron a la enfermería yo no sabía que el tratamiento era de 10 inyecciones al rededor de el ombligo dies !!!

"- diessss !!-"

Pero nunca seré feliz completamente sin un perro a mi lado

JLedezma

El regreso # 3b

El taxi se detuvo frente a la que había sido mi casa por muchos años,llegue a este lugar a esta colonia,cuando iba a cumplir seis años de edad y salí cuando estaba por cumplir los dieciochos ahora después de casi doce años estaba de regreso.

El simple echo de verme en esta calle hacia de este momento algo muy especial,como por instinto comencé a caminar hacia la esquina el lugar donde siempre nos juntábamos todos los muchachos para hacer planes y saber cómo iba todo,la calle misma no había cambiado mucho la sentía más pequeña de cómo la recordaba.

Lo que fue mi casa ahora tenía una fachada completamente diferente también recuerde con tristeza el día que la derrumbaron para construir esta nueva la cual nunca pude ver terminada de lo que si me recordé fue que en el baldío que quedó hicimos una fiesta.

Entre todos,pusimos los escombros contra la pared y limpiamos bien todo al rededor para poder bailar,lo que había sido mi casa por tantos años ahora era solo un baldío irreconocible.

sin imaginarnos que esa sería la última ves que estaría yo juntos con todos ellos,habíamos quedado de acuerdo en que la fiesta sería de disfraces y recuerdo que ella llego vestida de gitana.

Al llegar a la esquina donde siempre nos juntábamos,mi mente se inundó de tantas emociones y recuerdos que se me humedecieron los ojo, poco a poco mi vista recorría todos los rincones donde pase los mejores años de mi vida.

Aun recordaba algo de lo que ahí había sucedido,ahí en cada rincón de esta calle,tenía un pedazo de mi.

Mientras miraba todo a mi alrededor comencé a recordar quien había vivido donde aún estaba el edificio donde vivía mi amigo Ángel - el Pollo - arriba estaba la ventana de su cuarto donde le aventaba yo piedras para avisarle que saliera. Junto a ella estaba la de Lupita hermana de Marina, mi novia.

Junto a la de ella estaba la de Fernando el hijo de Doña Petrita la que organizaba en Navidad las mejores posadas de la cuadra. Después le seguía la del Temo, otro gran amigo después la de Don Eliseo el escultor y junto la de los Villa la imprenta que aún seguía funcionando a un lado el edificio donde tenía mi abuelo su taller ahí vivía

Juan - el Chocolate - y en la esquina la tienda de Don Pedro el papa de las Gueras.

En frente estaba la casa de Eduardo - el Chueco - y la de los Castro donde vivían Jorge,Isaias y su hermano menor Gabriel.

Toda esa parte de la calle no había cambiado casi nada hasta parecía que la pintura era la misma,sabia que algunos de mis amigos de aquel tiempo aún vivían ahi pero? sería posible que aún se acordaran de mi? O yo de ellos.

Toque a la puerta de la casa que fuera de mi amigo Isaías pero después de varios intentos nadie abrió,después fui a tocar a la casa de Victor le decíamos -el Gato - porque tenía los ojos verdes,él era novio de Lupita,mi cuñada y también lo mismo después de tocar varias veces el timbre nadie salió a abrí.

Afuera de su casa aún estaba la misma piedra que tenía ya marcadas las nalgas de todos los que ahí nos sentamos alguna ves.

Se me ocurrió chiflar de la misma forma en que siempre lo hacíamos para que avisar que salieran a jugar o si alguno de nosotros estaba en problemas.

Me fui al centro de la calle y desde ahí chifle a todo pulmón y el silbido me salió tan natural como si nunca lo hubiera olvidado como por arte de magia se abrieron las puertas y se asomaron dos personas que no reconocí al principio uno de ellos me dijo que si yo había tocado a la puerta le dije que si,que buscaba a un amigo que se llama Isaías,me dijo que el era su hermano pero que Isaías ya había fallecido los dos me preguntaron que quien era yo.

"- me llamo Jorge,,,, y yo viví ahí en el #45 mi abuelo tenía su carpintería allá enfrente les apunte donde estaba la cortina de el taller y creo que tú eres Gabriel el hermano menor del Isaías,,,,,,y tú de Víctor-" vi la sorpresa en sus ojos

-",,,,,aquí me decían Cape,,,,,-" Les dije

Se sorprendieron aún más pero el apodo fue que les recordó inmediatamente quien era yo no por mi nombre luego de revisarme de arriba abajo salieron y aún sorprendidos me dieron un abraso "- pinche Cape,,,como sabes quién soy yo,,,??? -" me dijo Gabriel que tenía mucho parecido a su hermano Isaias a ellos dos los deje de ver cuando estaban muy jóvenes los dos tenían casi la misma edad cuando me fui de aquí.

"- bienvenido mi Cape,,,bienvenido a tu casa,,,-"

me dijeron aún sorprendidos,sentí un gran alivio una gran alegría sentí también como si me quitaran un peso de encima el niño que un día salió de aquí hoy regresaba echo ya un hombre,el espíritu de ese niño hoy regresaba y lo sentí salir de mi cuerpo y lo vi correr por toda la calle sonriendo contento de haber regresado al lugar donde un día fue tan feliz.

Y se corrió la vos en el barrio,,,el Cape está de regreso.

La muerte del chiclero
Historia corta

Tendría yo tal ves como ocho años de edad cuando vi a dos hombres pelear asta que uno de ellos perdió la vida,recuerdo ver su cuerpo en el piso rodeado de gente que no pudieron hacer nada para detenerlos.

Los sopes de Doña Gabinita siempre tostaditos de en medio y blanditos por fuera no tenían comparación,eran los verdes con queso y frijoles los que más me gustaban y nos repartíamos un Titán de fresa el primo y yo.

Siempre que nos llevaban al barrio de la Candelaria nos dejaban al cuidado de Doña Gabinita la dueña de la fonda la fonda estaba un lado de la entrada de la vecindad que era un verdadero laberinto de viviendas y patios que abarcaban toda una manzana por todos era conocido ese barrio por lo peligroso y por el alto grado de delincuencia que ahí existía.

Los tíos eran muy conocidos y respetados por lo que habitaban ese lugar La entrada de la vecindad del la calle del 79 estaba a solo unas cuantas calles del mercado de la Merced y ahí era donde nos dejaban los tíos pero no estábamos en peligro alguno pues todos conocían a Doña Gabi.

El barrio de la Candelaria tenía fama de ser muy peligroso y por eso mucha gente evitaba pasar por ahí y los que sin saberlo lo hacían en ocasiones eran asaltados por algún chico malo de ese barrio.

Aprendimos a hacernos a un lado cuando veíamos venir corriendo a alguno de esos atleta-ladrones que después de despojar a alguien de sus pertenencias corrían con una velocidad increíble,en ocaciones cuando alguien trató de recuperar lo que le habían arrebatado y resultaba peor para ellos pues si se metían a la vecindad lo más seguro era que salieran desnudos.

Ese día mientras comíamos nuestros sopes vimos salir a un hombre que apodaban Chiclero recuerdo que tenía muchas cicatrices en el rostro huellas de muchas peleas,de todos los que conocíamos en El Barrio era el que más miedo me daba por su aspecto. Doña Gabi al verlo notó que tenía algo raro,nos hizo señas para que nos sentáramos junto a ella.

Al parecer el estaba esperando a alguien pues no quitaba la vista de la esquina,de repente lo vimos que camino asta la media calle saco de entre su ropa un cuchillo y le gritó al otro hombre que acababa de dar la vuelta.

"- a ti te andaba buscando,,,-"

El hombre al verlo también sacó un cuchillo se quitó el suéter que tenía y se lo enredó en el otro brazo los dos se fueron acercando y gritándose maldicientes el Chiclero arrastraba el cuchillo sobre el pavimento sacando chispas y cuando se acercaron comenzaron a lanzarse navajazos,la gente comenzó a rodearlos les pedían que pararan pero nadie se atrevió a meterse.

La rueda de gente se movía junto con ellos llegó un momento en que se acercaron hacia nosotros y Doña Gabi nos agarró para salirse de su camino yo no quitaba la vista de ellos y vi como el Chiclero sangraba de un costado pero aún así no dejaba de pelear pero ahora la sangre le salía más y ya tenía la camisa y el pantalón empapado de rojo.

Y no pudo más vi como cayo al piso en un charco de sangre

me quede como petrificado y sentí que alguien me tapaba los ojos y me retiraban de ahí.Era la tía que al saber lo que estaba pasando salió de la vecindad y nos llevó a dentro a donde vivía una de sus comadres.

Me dieron a comer azúcar y salimos por otra parte de la vecindad.

Cuando par fin apareci6 el tfo Ia !fa le platico lo que habfa sucedido y cuando pasamos con el cache par Ia avenida vimos que su cuerpo aun estaba ahf a media calle ya si vida. Eso nunca se me olvid6

Mi primera novia
Los recuerdos

Ella tendría como 16 cuando la vi por primera vez y la forma en que me miro no lo podría describir y aunque solo fue por un instante esa mirada algo despertó en mi la seguí con la vista,su pelo negro le llegaba asta la cintura cuando paso entre los muchachos con los que estaba yo jugando al fútbol volteó la vista para el otro lado cuando cuando ellos los muchachos comenzaron a lanzarle piropos y no faltaron los silbidos,Armado les dijo que la dejaran en paz que el la conocía.

Ella antes de dar vuelta a la esquina ella saludo al Armando todos nos le quedamos mirando "-asta que te conocimos una con zapatos-" no sé quién le dijo y seguimos con él juego después de un buen rato mientras estaba yo de espaldas sentí su mirada,al voltear vi que bajaba la vista al pasar junto a mí como con pena pero me miro y otra ves la misma sensación que al principio esta ves deje el juego y me fui tras de ella,vi que Armando se le acercaba y ahí aproveche para acercarme un poquito más y hacerme el aparecido.

"-hola Mary como estas ? hace tiempo que no te veía-" le dijo y los dos comenzaron a caminar hacía la otra esquina yo a distancia pero visible,los seguí.

"- hola,,,sí como es estado? -" le contesto ella extendiéndole la mano tímidamente.

"- nos acabamos de cambiar para acá mi Aguelita quería vivir cerca de mi mama -" oi que le decía.

Siguieron caminando ella se detuvo un momento antes de dar vuelta a la esquina esta ves volteo totalmente a verme cómo diciendo-que? ya te vi- yo como tonto solo levante la mano y le sonríe,ella se despidió de Armando a mí ni me pelo,pero con su mirada fue más que suficiente.

"- límpiate la baba guey,,,-" me dijo el Morena mientras me pegaba en el hombro

"- quién es cabron bien que te la tenías escondida ehh -" le dije

"- no,no,no brincos diera,,,ella es conocida de la familia y tiene un carnal que es bien bronco ese guey si te le acercas te madrea-" como me lo describo me lo imaginé que si.

"- está bien guapa cabron -" le dije y se lo decía en serio.

Porque asta ese momento mi única relación romántica si así se le podría llamar había sido con Alejandra pero resultó que ella Alejandrita tenía como veinte novios a parte de mi o sea yo era el veintiuno.

Desde ese momento todos los sábados le ponía yo mas atención a la esquina por donde sabía que ella tenía que pasar rumbo a la panadería del español que estaba a la vuelta de la esquina.

Esa ves que la vi dando vuelta a la esquina me sorprendió de tal manera que me paso lo de siempre,como que se trababan las palabras - y ahora que le digo ? - esta vez no estaban los muchachos o Armando para hacerme el quite.

No sé porque razón me detuve,no intente acercarme a ella,pensé que no era apropiado,era como tomar ventaja de que no había nadie.

Mi premio fue un "- hola donde se metieron todos,,? -" lo dijo sin detenerse yo como un tonto solo me le quede mirando no sabía que decirle.

"- ahh hola al ratito vienen,,,-" le dije y sin que me lo pidiera camine con ella sin decir palabra alguna al llegar a la esquina le extendí mi mano y ella me dio la suya le dije mi nombre y ella me dijo.

"- tu ya conoces el mío,,,me dijo Armando -" me soltó la mano y se despidió de mí con una sonrisa.

2/6/2020

Veámonos pa'otro lado

No fue necesario detenerme a enseñar mi pasaporte al cruzar el puente,el joven de la inmigración con la mano me hizo la señal que pasara,parecía mexicano,como yo,era una de esas puertas de metal giratorias donde cabe solo una persona al girarla y salir ya estaba yo "del otro lado".

Tanta bronca por sacar la pinche visa y el pasaporte y este compa con un gesto me dijo,pásale!!!

ya en calle -de el otro lado- recordé sus palabras.

"- caminas tres cuadras derecho derecho y vas a pasar la calle Lincoln y a la siguiente das vuelta a la derecha y te sigues por ahí asta que llegues al la estación del autobuses un y compras el boleto de ida y vuelta-"

Esas fueron las instrucciones de la tía antes que la jefa me dirá su bendición. "- A san Antonio? -" le pregunte a la joven detrás del espejo.

"- $19.37 más tax -" como treinta y siete centavos? En él cambio que me dio traía tres monedas de 1 centavo me contestó con un poquito de acento cuando dijo "tax" estaba en Estados Unidos y todos hablaban español !! Que padre! me señaló la puerta de salida al cruzarla vi que los choferes de los autobuses eran puros gueritos me fui hacia dónde estaba uno que decía "San Antonio".

El chofer me pidió el boleto en inglés y lo partió por la mitad me dijo que me podía subir viendo su reloj me imaginé que me quiso decir que en unos minutos salíamos

Ya había un buen número de pasajeros sentados unos fumando,platicando al subir vi qué me echaron el ojo,amablemente y sin decir palabra alguna salude con la cabeza mientras caminaba hacia la parte de atrás del autobús había muchos asientos vacíos los últimos tres los que estaban pegados al baño lo estaban también y pues ahí puse mi campamento a los pocos minutos comenzaron a llegar más pasajero,pero el autobús no se lleno y los tres asiento se me quedaron.

El autobús por fin se puso en marcha y lentamente salió de la estación rumbo a San Antonio según el boleto el viaje tomaría por ahí de tres horas y pues ya eran las cinco de la tarde y ya daba,hambre para matar el tiempo me puse a leer el libro que no había terminado en mi viaje a la frontera eran Los agachados.

No teníamos ni veinte minutos en la carretera cuando el auto bus se detuvo

"- y ora ? -"

Dos hombres uniformados de color verde que parecían militares,con un sombrero del mismo color subieron al autobús y uno se quedó en frente mientras que el otro fue pasando asiento por asiento hablando con los pasajeros y pidiéndoles a algunos sus documentos las placas en sus sombreros al estilo texano decían INS o sea la mera mera mica,estos no eran como los del puente no estos se te quedaban mirando a los ojos mientras te hacían las preguntas poco a poco se fueron acercando a donde estaba yo...

"- Do you speak English?? "- me dijo y recordé lo que dijo la tía. Me le quede mirando como diciendo-que?-

Inmediatamente comenzó a hablar en español

"- cuál es tu destino? -" "- San Antonio -"

"- tiene trabajo esperando allá? -"

"-,,,,ahhh?? no no solo voy a conocer la ciudad,,,-" "- por cuanto tiempo??-"

"- tal vez 2 días -"

Confieso que ya me estaba poniendo nervioso por lo directo de su mirada y las preguntas capciosas que hacían.

"- conoces el Álamo?? -"

"- nop, ero lo voy a conocer -" el guerito me volvi6 a echar otra mirada como diciendo?.

- mmmm ????-

Reviso los asientos junto a al mfo y me regreso mis papeles. Me dio las las gracias y se fue.

Y,,aquf estamos y de aquf no vamos y si nos echan,,nos regresamos

Jledezma

El Bullin educativo

Cuál es el bullin educativo ?

El bullin educativo es el que aprendiste regularmente por un pariente tuyo por lo regular mayor que tú fuese hermano, primo,tio, tía,bueno alguien siempre mayor que tú,el que te hace las bromas más pesadas y te dicen "- pa'que aprendas,,-" y claro que aprendes y rápido porque si no,te cargan más la mano.

Yo aprendí mucho de eso con un tío que me enseñó a jugar a las cartas antes de que aprendiera a leer o a escribir lo primero que aprendí de él fue a jugar al "burro castigado" aún no se me olvidan los -cocos- que nos daba creo que asta veía estrellitas del sonajaso que nos daba cuando salía el rey que era cuando se terminaba el castigo,si te descuidabas !! Te daban panba.

Aprendí a recibir y dar castigo con ese juego porque cuando me tocó recibirlo casi me acabe todas las barajas creo que el tío escondió los Reyes asta abajo a propósito para que me dieran más castigo. Sacaba una carta y decia:

"- cuatro de bastos,,!!! -" eran cuatro golpes con la mano como si tuvieras un garrote

"- sietes espadas,,,!!! -" eran 7 piquetes en las costillas

Lo más alto era el 7 porque si salían el 7 de Copas o de Oros o de Espadas eran siete castigos el castigo de los Oros era jalarte el párpado los números que dijera la carta y si salía un muñeco ahí se acababa el castigo y si podías le dabas un Gorraso al que se descuidara.

Ese era el bullin educativo

Y obvio que hay muchos más

De camping

La alarma de mi reloj marcaba

Que eran las 4:30 de la mañana sali de la bolsa de dormir y me asome por la indidura de la casa de campaña,lo oscuro de la noche,comensaba a dar paso a la luz del amanecer que se aproximaba. Nuestro lote estaba situado junto a el lago viendo hacia el oriente

Mas adelante el lago caía en forma de cascada hacia abajo de la montaña

La cual se convertia en rio cañada abajo,la vista era estupenda,diria que hasta hermosa,las montanas a

Los lados y tupido de bosques. Desde aqui se podia ver Como

El rio parecia una serpiente,moviendose hacia abajo,me enamore de este lugar desde la primera ves que lo vi al pasar por aquí y fue de sorpresa que me lo encontre mientras viajaba rumbo a Wyoming y sin querer tomé la carretera equivocada y tratando de regresar a la carretera correcta fue que descubrí este hermoso campamento Subia y serpentiniaba al bajar por un lado de la montaña desde este lugar se podía ver el perfil de Los presidentes labrados de el otro lado de la montaña,al crusar un antiguo puente de madera fue que vi este campamento,la vista desde aquí era espectacular y me prometi un dia regresar a acampar aqui,no se pero en este lugar se respiraba una gran tranquilidad rodeada de montañas y bosques

Mi madrina la bruja
Historia corta # 5

Lejos,muy lejos de la ciudad cerca de la,,,,Pantitlan

Ahí donde la luz se termina esa era la última parada de el camión de ahí en adelante era solo un llano no se podía ver nada más.

En esa casa vivía una mujer que decían era bruja,ella era mi madrina de bautizo recuerdo que mi tía Ester me dijo antes de entrar a verla.

"- no se te olvide besarle la mano es tu madrina y todos sabemos que te quiere mucho no se te olvide he-"

No fue necesario tocar a la puerta ella solita se abrió

La mujer adentro era muy bonita su pelo era largo trenzado con listones de colores y nos recibió con una sonrisa inmensa.

Me extendió los brazos y me dijo.

"- venga para acá mi niño lindo no tenga miedo !! -"

me fue abrasar tome su mano y la bese como me había aconsejado la tía Ester

Me cargo en sus brazos y me besaba los cachete con mucha alegría mientras yo,en sus brazos miraba todo lo que estaba al alrededor y luego aún en sus brazos daba de vueltas conmigo como bailando un vals,,,,y me hacia reír.

"- porque no me lo habías traído???,,,,-" le reclamó a mi tía

"- es su mama,,,ya la conoces,,,, pero aquí está,,como te prometí -"

La tía Ester parecía nerviosa y buscaba en que sentarse mientras ella mi madrina

Me cargaba por toda la casa "- ya vas a entrar a la escuela muy pronto verdad?-"

le dije que sí ya sin usar palabra alguna,desde ese momento no fue necesario mover los labios para poder hablar con ella,sentía su vos dentro de mi,no se porque pero me gustaba estar junto a ella parecía que ya había estado yo ahí antes.

"- siempre,siempre te voy a proteger -" me dijo desde algún lugar de la casa yo de ves en cuando miraba hacia dónde estaba la tía que con una sonrisa en los labios parecía dormír sentada en una silla.

"- ven,,,mira,,,toma,,,esto es para ti,,,lo hice yo -" era un collar con piedritas de colores mientras ella me lo ponía tocaba mi cara con mucha ternura y yo le sonreía y le extendía los brazos pidiéndole que me cargara otra ves,me sentía tan a gusto en sus brazos y ya no quería irme de ahí,en eso la tía salió de su letargo y vio su reloj y espantada dijo.

"- Hay dios mira que horas son,,ya es muy tarde nos tenemos que ir,,,-" "- ya está todo oscuro y,,,,,,,-"

"- No te preocupes,no te preocupes no les puede pasar nada malo y menos estando tú con el -" salimos cuando ya era de noche y a lo lejos veí,como brillaban las luces de la ciudad.

Mi madrina salió corriendo y me dio un beso,me dijo adiós y comencé a llorar.

"- shhhh no llore mi niño a mi niño nunca le va a pasar nada malo -" me dio su bendición y me abrazo fuerte fuerte fuerte

Ella era Ana María mi madrina,,,,la bruja.

Palabras sueltas en la mesa

La verdad no sé a quién,pero debo dar las gracias por tener la oportunidad de con-vivir,con tanta diversidad,tratar de entender otras culturas otras costumbres,llego un momento donde en esa mesa estábamos reunidos,cinco continentes,la cafetería de la planta se había convertido en las Naciones Unidas.

La comida en la cafetería no estaba nada mal,podría decir que en ocaciones era exelente. El apoyar este tipo de atmósfera,la planta ganaba la confianza de sus empleados

Por alguna razón,nadie sabe cómo empezó todo,pero el juego de domino se había echo casi una costumbre después de comer con café recién echo y los minutos caminando...

Uthup que era de la India hacia la mezcla (revolver las fichas del dominó) mientras tiraba un billete de a 5$ diciendo.

"- UNA PESETA,,,EL PASE,,,,,(quería decir;una peseta,la cuarta,25 centavos,pues) Uthup ya entendía bastante del idioma español, las malas palabras más que nada desafortunadamente,,se le hacían graciosas en ocaciones teníamos que callarle la boca pues había compañeras que hablaban español. Handrick (el alemán)siempre protestaba por la cantidad que él indu (UTHUP) imponía al comenzar el juego.

"- Si no tienes moneda -" le decía frotándose la yema de los dedos. "- deja que otro se siente -"

El alemán,ya lo conocíamos,era muy refunfuñón,casi por todo se quejaba,yo nunca pude saber cómo le hacía para que la ceniza tan larga del cigarro no cayera regada por todos lados.

Pero siempre terminaba por jugar,,,ya sabíamos que si no ganaba en 3 juegos,se salía dejándole su lugar usualmente a Djuro,el yugoslavo,otro que no podía dejar de tomar café y fumar cigarrillo como chimenea.

Y luego seguía Wally que era polaco y siempre de muy buen humor con él aprendí las malas palabra en su idioma.

En esta compañía había de todas las razas como en las Naciones Unidas

"- que salga la mula de seis -" dijo Wally

"- hay te hablan Djuro -" "- quien ??? -"

"- dijeron que salga la mula,,-" " - yo no la tengo!!! -"

Se me olvidó que este es yugoslavo y no entiende de albures

Fin

Y comenzaba

En el juzgado

Años tenía de no estar presente en un juzgado,tanto como acusado o como de testigo hoy fui de testigo en apoyo a una persona.

Lo que sobre sale de todo esto es la solemnidad que se siente el estar en esos lugares donde se imparte la ley donde resuenan tus pisadas al caminar por los pasillos para llegar a tu lugar asignado.

La gente se arremolina frente a la sala entrada como temerosa de dar otro paso hacia dentro del recinto,se nota que hay más diversidad me detengo un momento al ver a esa gente que con sus miradas me decían "cuidado" mire mi reloj faltaban 5 minutos.

El juicio comenzaría en exactamente 5 minutos

Siempre que vengo a la Corte me acerco lo más posible al juez,para oír que,como,cuando con quien,contra quien,o cómo diría tres patines "un merequetengue chico" es de verdad divertido las excusas que exponen todos los que ahí compadecen.

Como el caso de una mujer que la juzgaban por exceso de velocidad.

El juez "- nos puede explicar el porqué manejaba usted a más de 100 millas por hora en una zona donde es de solo 35 -"

Ella: "- señor juez es que huía de unos hombres que venía tras de mi !!! -" El juez: "- y porque cree que la perseguían???-"

Ella: "- creo que me quería violar -"

El juez le preguntó al policía que la detuvo si era verdad

El policía: "- su señoría nosotros no vimos otro auto a los alrededores de el lugar donde detuvimos a la señorita -"

"- y dígame que le hace pensar que la querían violar ?-"

La joven buscaba otro argumento para salir mejor librada de este enredo.

"- es que cuando me pare en la esquina esperando el cambio de luz fue que llegaron los del otro coche y comenzaron a decirme cosas muy ofensivas y a gritarme me me iban a violar -"

"- cuántas personas iban en el otro coche?-" "- creo que tres -"

"- no pudo tomarle el numero de las placas -" "- no,,,estaba muy oscuro-"

El juez movió la cabeza de un lado para el otro y llamó otra ves al policía que hizo la detención. "- algo más que quiera agregar oficial?-"

"- si su señoría,la señorita aquí presente ya a sido detenida por manejar a alta velocidad en el mismo tramo de carretera,la última ves iba a más de 130 millas -"

"- también esa ves la querían violar??-" dijo el juez. La joven no contestó sólo dijo

"- me declaro inocente!! -" El juez le leyó la cartilla

"- si desea irse a juicio le recuerdo que si es hallada culpable puede pasar asta 3 meses en la cárcel o si desea puede declararse culpable paga la multa de ciento cincuenta dólares y se puede ir a su casa -"

La joven lo pensó un momento

"- cuanto es la multa?? -"

"- 150 y no aparecerá en su récord-"

"- está bien,pago la multa-" dijo la joven

"- entonces se declara culpable???-"

"- es necesario? declararse culpable? -"

El juez la mira con paciencia y solo mueve la cabeza. "- está bien,,,me declaro Culpable -"

"-gracias senorita par favor si puede ya no maneje par ese !ramo es muy peligroso para usted-" "- gracias senor juez-"

Las fiestas
Los quince de Tita # 4

El día de los XV años de Marta ya todo estaba casi listo solo faltaba lo principal la Quinceañera,el solar de a lado ya estaba bien aplanadito y acondicionado para el vals las mesas rodeaban el piso de tierra donde se iba a bailar.

Todas las damas que eran seis en total se vestían y se arreglaban en la casa de Martita la quinceañera que después de varias semanas por fin ya se había aprendido la rutina del vals,en otro cuarto en la misma casa de Marta,se encontraban todos los chambelanes también haciendo lo mismo y comentaban entre bromas que muchos no fueron a comulgar aun cuando se los pidieron los papas de la niña,que en unas cuantas horas ya no lo sería según la tradición,algunos de ellos dijeron que ya habían comulgado y que no era necesario hacerlo otra ves los demás de plano dijeron que no.

"- capas que se sale corriendo el Curita del confesionario-" alguien dijo,mientras tanto la fiesta ya había comenzado,comenzó casi desde el momento que regresaron de la iglesia,al otro lado de calle en la casa de

Doña Petrita,habían puesto todas las bebidas en los lavaderos que estaban llenos de hielo.

La coperacha entre los vecinos para comprar las chelas fue de ley pues para compartir lo bueno y lo malo el barrio se pintaba solo ya la música sonaba y había parejas bailando la pequeña calle se había convertido en salón de baile también para eso,el barrio se pintaba solo.

Cuando llegara la noche se iban a notar todos los foquitos de colores que habían puesto para adornar la calle ya el del Sonido Descarga que había prometido llevar sus discos para hacer el ruido estaba ya tras sus aparatos amenizando el ambiente y poniendo a todos a bailar.

Poco a poco las mesas comenzaron a llenarse de invitados y uno que otro colado pero el ambiente era de fiesta y se sentía como esas desveladas de el 24 de diciembre.

Martita salió del baño diciendo que ya no había agua caliente el papa le grito que tal ves él piloto se había apagado que iba a mandar a uno de los niños con los cerillos para que lo encendiera.

El Quecos su hermano llegó corriendo y le aventó la caja de cerillos por el hoyo que estaba arriba de la puerta del baño y se regresó a la fiesta al poco rato todos los que estaban en la casa oyeron un fuerte ruido como cuando inflas una bolsa de papel y la haces explotar con tu otra mano pero este trueno fue más fuerte parecía de una bolsota,seco fuerte,todas las muchachas que estaban ahí junto al baño se fuero corriendo porque de ahí había salido el ruido Martita salió en bata rodeada de toda las damas y llena de hollín en la bata en la cara el Quecos al verla en ese estado comenzó a reírse al verle la cara sin cejas ni pestañas parecía que algo le había echado el pelo para atrás.

Marta estaba echa un paño de lágrimas mientras que ya alguien habían mandado a callar al Quecos que no dejaba de reírse,por fin calmaron a Martita y las damas comenzaron a hacer su trabajo de arreglarla se corrió la vos de lo que había pasado ella al tratar de encender el piloto del boiler no se dio cuenta había gas dentro del él y el flamaso le quemo las cejas y las pestañas solo se le veía dos ruedas blancas al rededor de los ojos.

Después de un buen rato cuando comenzaron a salir los chambelanes en fila de la mano de su dama y al final,la quinceañera el cambio en ella era increíble,en verdad que ya parecía toda una mujer,por el micrófono el sonidero pido silencio para que comenzara el vals cuando todos guardaron silencio el deja caer suavemente Ia aguja sabre el disco.

Y comenzaron los aplausos mientras el sonidero introducfan los nombres de cada pareja y se ponfan en posicion.

Y como en un cuento de hadas todas las parejas se movieron al unfsono con el lago de los cisnes como Iondo musical

Las fiestas
Despedida de soltero/soltera

Los amigos de El Patito -Roberto- se organizaron para hacerle su despedida de soltero por su próxima boda con La Seño una joven que vivía de el otro lado de la calle,ellos se conocían desde niños,sus padres eran los padrinos de ella.

Al mismo tiempo las amigas de su futura esposa La Seño hacían exactamente lo mismo le preparaban su despedida de soltera con lo que juntaron los dos grupos les alcanzó asta para el entretenimiento ellos adquirieron los servicios de una joven del table y ellas a un joven de esos de "solo para mujeres" solo que genérico por eso de la lana.

Los dos grupos quedaron de acuerdo en hacer los dos eventos el mismo día,pero en diferentes lugares,por eso de que no se fueran a "revolver".

Por fin el tan esperado día llego y los dos grupos se juntaron para despedirse y desearse suerte.

Luego cada uno se fue por su lado,la pareja quiso despedirse con un beso pero no los dejaron.

"- fuera fuera !!!!! Fuera fuera !!! -"

Les gritaban las muchachas al los jóvenes y ellos se conformaron con un beso-volado-.

En el bar los amigos de el próximo miembro de el club de los maridos afligidos le daban todo tipo de consejos tratando de iluminar al joven hubo quien le sugirió -que lo pensara dos veces- otros más "experimentados" lo aconsejaban de cómo comportarse tanto en casa como en la cama.

Del otro dado,en la otra fiesta las muchachas le aconsejaban casi lo mismo que a el,una de ellas asta se atrevió a decirle -ay mana yo no se porque tienes que comprar todo el pinche Chancho si con el puro,,,- no termino la sentencia pues llego el joven bailarín y todas se pusieron como locas.

De el otro lado el en la otra fiesta la joven encueratriz ya estaba haciendo de las suyas,se le restregaba en el cuerpo semi-desnudo de el Patito,fue ella misma la que se encargó de dejarlo en cueros,solo con el puro calzón.

Ella se le pegaba al cuerpo como estampilla mojada con saliva. Y el Patito,pobre,como sufría.

Después de un buen rato de diversión los dos grupos se empezaron a juntar en el mismo lugar de donde habían salido cuando ya todos se despedían un grupo de los amigos de el Patito se juntaron y entre todos comenzaron a bramar.

""" MUUUU MUUUU """"

Ellas reconocieron la pedrada inmediatamente y les gritaron entre todas

!!!! Oink oink oink !!!!

Jledezma

Diario de viaje historia

El camión que tomamos de regreso a la ciudad después de pasar el fin de semana en Cuernavaca,era de tercera clase de esos que paraba en todos los pueblitos en la ruta pasajeros subían y bajaban en cada parada y lo tomamos por la misma razón porque mismo no había prisa para llegar a la ciudad,queríamos llegar ya en la tarde y ver el otro panorama el que no te enseñan en el tour.

Después de un buen rato se nos acabo la charla a mi compañera de asiento y a mí y entre los dos nos pusimos a ver qué pasajeros subían o bajaban en cada parada que hacia el autobús.

Siempre que el chofer paraba para recoger más pasajeros había gente de el lugar esperando,tratando de vender todo tipo de cosas,comida,dulces manualidades en cada pueblito era lo mismos en ocasiones cuando llegábamos a algún poblado el chofer nos avisaba que iban a ser solo 10 minutos de espera para recoger más pasajeros.

Y otra ves los vendedores esta ves lo que llamó la atención a mi compañera de viaje fue que por la ventana vio a una señora que vendía unas cosas verdes que parecían animales al principio no podíamos descifrar que eran solo que era verdes y cola larga con el hocico cosido por un hilo.

"- Iguanas !!! ¡¡¡ Iguanas !!! Grito la señora al ver nuestra atención mi compañera de asiento se asomó por la ventana y sin más ni más le preguntó "- perdone para que las vende ?? -

"- son buenas para los tamalitos,,,son muy sabrosos,,-" le contesto la señora acercando a un más a esa lagartijas gigantes que traía amarradas como alforjas

-para los tamales ?- me dijo sorprendida regresando a su asiento -para los tamales??- volvió a decir,con la mano le dijo que no,mientras que la señora insistía a dárselas baratas.

"- no gracias,,,seño,,gracias no,,-"

Voltea a verme "- a qué sabrán las iguanas tu,,,??-" "- ya las probaste??-" me pregunto

"- no,pero dicen que saben sabrosas que saben como a pollo,, -" le dije

"- nahhh todo lo que no conocemos dicen que sabe a pollo -"

"- como las ancas de rana,,,tú ya las probaste también?? -" me volvió a preguntar

"- no,tampoco,,pero dicen también que saben a pollo -" "- siii,,, no te digo -"

El camión por fin se puso en marcha nuevamente,el chofer parecía conocer todos y cada uno de los baches que había en las calles porque no le fallaba a ninguno,ahí te das cuenta porque les dicen guajoloteros a esos autobuses.

Hasta donde estábamos se alcanzaba a oír la música que traía el chofer en su radio durante el trayecto nos reventamos un concierto de la Sonora Santanera y luego otro de Mike Laure Chico Che y asta José José me acorde de la canción la de.

-la Fonda chiquita que parecía restaurante -

Después de manejar un rato por la carretera federal el camión volvió a entrar a otro pueblito,lo bueno que en está ves ya lo esperaba mucha gente y rápidamente se llenó el camión momento que aprovechamos para movernos mas cerca de la puerta.

Al final de la línea de gente que subía justo cuando el autobús se ponía en marcha subió una joven señora que con dificultad y aferrándose al tubo saco de la blusa el dinero para pagar su pasaje,frente a ella envuelto en el reboso traía a su bebé.

Mi compañera de viaje me hizo señas con la vista "-,,mira-" cuando volteo veo a un infante prendido de la teta de su mama dentro del rebozo donde lo llevaba la señora que sin pena alguna dejaba que el niño se la jalara como si fuera de goma o de chicle mientras ella trataba de mantener el equilibrio con el chamaco colgándole del pecho nos hicimos chiquitos para que se sentará justo a un lado de nosotros.

Esta ves fui yo quien le señaló a mi compañera de viaje -que onda?- ella solo movió la cabeza de un lado a otro.

¡¡¡ no no no !!!

"- yo le doy biberón y que se olvide del chicharrón-" me dijo en vos baja y nos echamos a reír,solo otra parada más y listo ojalá y todavía esté caliente la comida

JLedezma

tu amor en hielo

Sírveme tu amor,,,,con hielo
Como asta hoy
Como asta siempre

No tengo nada que perder Cuando
ya no hay sorpresas Cuando todo
se convierte en rutina
todo....se,,,perdió

Ya no preguntes,,,,tan solo,,,,,sirve
Tu amor en hielo
Y si me das de beber te cuento mi vida
y una que otra mentira

Le di mi corazón
Y mi alma también
Y me dejo solo aquí,,,sin saber que hacer
Quise corre,,,huir,,,no se,,,

Jorge Ledezma

Primero decías -te quiero,,,tú y yo,,,siempre-
Te acuerdas??
Y si me das de beber
no me voy a detener

Y volveré a estar solo otra ves

Pero hoy,,,,tan solo hoy,,,,quiero vivir
quiero reír

De la vida tome lo que ella me dio
No podía perder

Pero te encontré

Jledezma

Cartas
Abril de 1970

Hola espero que al recibir la presente te encuentres bien en compañía de tus

Seres queridos porque yo gracia a dios estoy bien.

Pues bien ya tengo dos semana sin poder verte y creo que ya comienzo a extrañar todo y a todos hay veces cuando me despierto me siento que estoy de vuelta allá,con ustedes pero no.

dice mi primo que en cuanto encuentre trabajo y comience a trabajar ya no me voy a sentir tan triste dice que porque casi todas las personas que conocemos trabajan ahí en una tienda y ahí es donde voy a entrar.

Como todos los de ese departamento habla solo español se hará más fácil para mí te diré que al llegar al otro día fuimos a sacar la tarjeta que necesitamos para que te puedan aceptar en cualquier trabajo, es como la de allá y fíjate que ese mismo día me la dieron así de rápido.

Espero no haberte aburrido con todo esto aquí te mando la

dirección por si quieres escribir,aunque apenas tengo dos semanas ya me quiero regresar pero sé que es para bien porque como te dije antes de salir espero juntar el suficiente dinero en este año y así poder regresar por ti,,,,- aquí es donde empieza lo cursi- solo te pido que aguantes un poquito quiero regresarme por ahí del 24 diciembre y poder pasar la Navidad con ustedes por lo pronto,cuídense mucho que yo aré lo mismo.

PD. Y si tu mamá no quiere que te cases conmigo te robo,upsss espero que tu mama no vea esta carta. Un beso,,, bueno dos

Familia Ángel, Emma,Oona y Jorge jr

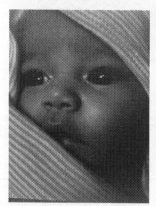

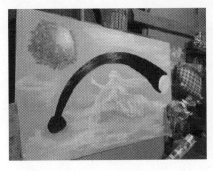